Collection

de

Madame V...

CATALOGUE

des

Dessins et Aquarelles

de

l'Ecole Française du XVIIIe Siècle

et des

Écoles Étrangères du XVe au XVIIIe Siècle

Composant la Collection de Mme V...

et dont la Vente aux Enchères Publiques aura lieu à Paris

Hôtel Drouot, Salle N° 10

Le Mercredi 25 Mars 1925 à deux heures

COMMISSAIRES-PRISEURS :

Me René HÉMARD	Me F. LAIR-DUBREUIL
70, Rue Lafayette, 70	6, Rue Favart, 6

EXPERTS :

M. M. PAULME	M. B. LASQUIN	M. MAX BINE
45, Rue Pergolèse	11, Rue Grange-Batelière	16, Rue Balzac

EXPOSITION PUBLIQUE

Le Mardi 24 Mars 1925, de 2 heures à 6 heures

CONDITIONS DE LA VENTE

Elle sera faite au comptant.

Les acquéreurs paieront **19 fr. 50** pour cent en sus des adjudications.

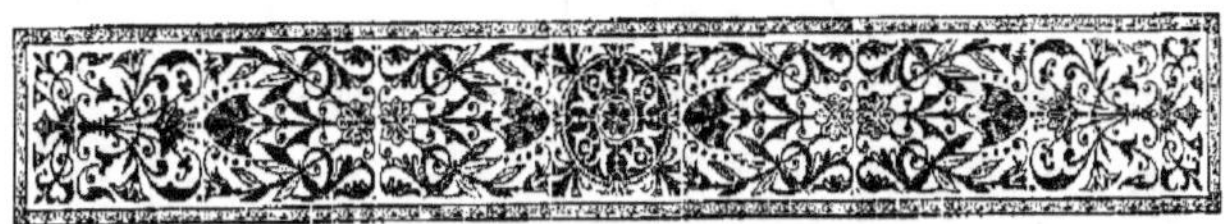

AVERCAMP (HENDRICK VAN)

Amsterdam 1585 † Kampen 1663.

1 — *Personnages et enfants jouant et patinant sur la glace.*

A la plume, lavé de bistre et d'aquarelle.

Haut., 25 cent. 5 ; larg., 38 cent.

BARBIERI (GIOVANNI FRANCESCO dit IL GUERCINO)

Cento 1591 † Bologne 1666.

2 — *Paysage animé de personnages avec cours d'eau.*

A la plume.

Haut., 26 cent. 5 ; larg., 40 cent.

BEERSTRATEN (JAN ABRAHAMZS)

Amsterdam, 1622 † 1666.

3 — *Vue de Londres sur la Tamise ?*

Au lavis d'encre de Chine.

Haut., 20 cent. ; larg., 36 cent. 5.

BELLE (ALEXIS-SIMON)

Paris, 1674 †1734.

4 — *Portrait de dame avec son chien.*

Dessin au crayon noir rehaussé de blanc sur papier gris. *Collection Jaremistch.*

Haut., 30 cent. ; larg., 22 cent.

BERCHEM (NICOLAS)

Harlem, 1620 † Amsterdam, 1683.

5 — *Paysage avec bergers et leur troupeau.*

A la plume et pierre noire lavé d'encre de Chine.

Haut., 23 cent. 5 ; larg., 33 cent. 5.

BERCHEM (N.)

6 — *Bergers gardant leur troupeau dans un paysage.*

A la pierre noire. C. *Suchtelen Lugt 2.332.*

Haut., 20 cent. ; larg., 31 cent. 5.

BOL (FERDINAND)

Dordrecht, 1616 † 1680.

7 — *Les marchands dans le temple.*
Au lavis de sépia.

Haut., 13 cent. ; larg., 19 cent. 5.

BOTH (JAN-DIRKSZ)

Utrecht, 1610 † 1652.

8 — *Paysan de retour du marché.*
Crayon lavé d'encre de Chine. C. *Poutiatine.*

Haut., 37 cent. ; larg., 15 cent. 5.

BOUCHARDON (EDME)

Chaumont, 1698 † Paris, 1762.

9 — *Jeune homme à la cruche.*

Dessin à la sanguine.

Haut., 41 cent. ; larg., 28 cent.

BOUCHER (FRANÇOIS)

Paris, 1703 † 1770.

10 — *Tête d'enfant.*

Dessin au crayon noir et rehauts de blanc sur papier gris.

Haut., 20 cent. ; larg., 20 cent. 5.

Cachet de la Collection du Comte J. P. van Suchtelen (F. Lugt : Marques de Collections, p. 436).

BOUCHER (FRANÇOIS)

11 — *Amour.*

Dessin à la pierre noire rehaussé de blanc sur papier gris.

Haut., 23 cent. ; larg., 35 cent.

BOUCHER (attribué à FR.)

12 — *Composition mythologique.*

Dessin à la pierre d'Italie et frottis d'estompe. De forme ovale.

Haut., 29 cent. ; larg., 24 cent.

BOUCHER (attribué à FR.)

13 — *Allégorie de la force.*

Esquisse au crayon et rehauts de blanc sur papier bleu.

Haut., 31 cent. 5 ; larg., 47 cent.

BOUCHER (école de FR.)

14 — *Portrait de femme.*

Dessin aux trois crayons.

Haut., 31 cent. 5 ; larg., 27 cent. 5.

CARRACHE (ANNIBALE)

Bologne, 1560 † Rome, 1609.

15 — *Sujet tiré de l'histoire romaine.*

A la plume lavé de bistre.

Haut., 23 cent. 5 ; larg., 29 cent.

CASANOVA (FRANCESCO-GUISEPPE)

16 — *Bergers et troupeaux de moutons,*

Plume et lavis de sépia.

Haut., 37 cent. ; larg., 48 cent.

CHARPENTIER (attribué à J.-B.)

17 — *Intérieur de cuisine de ferme.*

Dessin à l'aquarelle et rehauts de gouache.

Haut., 24 cent. ; larg., 37 cent. 5.

COCHIN LE FILS (CHARLES-NICOLAS)

Paris, 1715 † 1790.

18 — *En-tête pour l'illustration d'un livre.*

Dessin à la sanguine.

Haut., 8 cent. ; larg. 13 cent .5.

COCHIN LE FILS (CHARLES-NICOLAS)

19 — *Vignette d'illustration.*

Dessin au crayon. Signé et daté 1755

Haut., 10 cent. ; larg. 5 cent. 5.

COROT (CAMILLE)

Paris, 1796 † Ville d'Avray, 1875.

20 — *Paysage et figure.*

Dessin au fusain et frottis. *Cachet de la vente de l'artiste. Collection* Jaremitsch.

Haut., 24 cent. ; larg., 37 cent.

DAVID (attribué à LOUIS)

21 — *Croquis pour un portrait d'homme en pied.*

Dessin à la plume.

Haut., 12 cent. 5 ; larg., 8 cent. 5.

DEMACHY (PIERRE-ANTOINE)

Paris, 1723 † 1807.

22 — *Ruines d'un temple antique, à Rome.*

Dessin à la plume et à l'aquarelle. C. du prince Poutiatine.

Haut., 12 cent. ; larg. 20 cent.

DURER (école d'Albert)

23 — *La décollation d'un martyre*

A la plume.

Haut., 26 cent. ; larg., 19 cent. 5.

DUSART (CORNELIS)

Harlem, 1660 † 1704.

24 — *Paysanne debout accoudée à un mur.*

Plume et aquarelle.

Signé des initiales en bas à gauche, marque. *C. Rouzé-Huet. Lugt* 1.742.

Haut., 9 cent. 3 ; larg., 5 cent.

DUSART (C.)

25 — *Paysanne debout vue de dos.*

Plume et aquarelle.

Signé des initiales en bas à gauche. *C. Rouzé-Huet.*

Haut., 7 cent. 5 ; larg., 5 cent.

DUSART (C.)

26 — *Paysanne assise sur un banc.*

Plume et aquarelle.

Signé des initiales en bas à droite. *C. Rouzé-Huet.*

Haut., 7 cent. ; larg., 4 cent. 5.

ÉCOLE ALLEMANDE (XVe SIÈCLE)

27 — *Le portement de croix.*

A la pierre noire sur papier teinté rose.

Haut. 23 cent. 5 ; larg., 20 cent.

ECOLE FRANÇAISE (XVIIIe SIÈCLE)

28 — *Jeune homme assis.*

Dessin à la pierre noire rehaussé de blanc, sur papier bleu.

Haut., 25 cent. ; larg., 22 cent.

ÉCOLE FRANÇAISE (XVIIIe SIÈCLE)

29 — *Paysage avec ruines et petits personnages.*

Gouache.

Haut., 20 cent. ; larg. 31 cent. 5.

ÉCOLE FRANÇAISE (XVIIIe SIÈCLE)

30 — *Le départ du soldat.*

Dessin à la plume.

Haut. 19 cent. 5 ; larg. 16 cent. 5.

ÉCOLE FRANÇAISE (XVIIIe SIÈCLE)

31 — *L'abri de la charrette.*

Dessin à la pierre noire.

Haut., 18 cent ; larg., 23 cent. 5.

ÉCOLE FRANÇAISE (XVIIIe SIÈCLE)

32 — *Jeune homme debout,* tenant à la main son chapeau. En bas,
à gauche, une tête.

Dessin à la pierre noire.

Haut., 23 cent. 5 ; larg., 14 cent.

ÉCOLE FRANÇAISE (XVIIIe SIÈCLE)

33 — *Portrait d'homme décoré du Saint-Esprit.*

Dessin de forme ovale, au crayon.

Haut., 11 cent. ; larg., 8 cent. 5.

ÉCOLE FRANÇAISE (XVIIIe SIÈCLE)

34 — *Portrait d'un magistrat.*

Dessin au crayon rehaussé d'aquarelle.

Haut., 15 cent. ; larg., 10 cent.

ÉCOLE FRANÇAISE (XVIIIe SIÈCLE)

35 — *La fileuse.*

Dessin à la sanguine.

Haut., 30 cent. ; larg., 21 cent. 5.

ÉCOLE FRANÇAISE (XVIIIe SIÈCLE)

36 — *Jeune garçon jouant avec un chat.*

Dessin au crayon noir rehaussé de blanc sur papier gris.

Haut., 24 cent. : larg., 19 cent.

ÉCOLE FRANÇAISE (XVIIIe SIÈCLE)

37 — *Homme debout,* la canne à la main, vu de face.

Dessin à la plume et à l'aquarelle.

Haut., 22 cent. ; larg., 15 cent.

ÉCOLE FRANÇAISE (XVIIIe SIÈCLE)

38 — *Etude de gentilhomme debout.*

Dessin à la pierre noire et rehauts de blanc, sur papier gris.

Haut., 36 cent. ; larg., 23 cent.

ÉCOLE FRANÇAISE (XVIIIᵉ SIÈCLE)

39 — *Le Bac.*

Gouache.

Haut., 23 cent. ; larg., 40 cent.

ÉCOLE FRANÇAISE (XVIIIᵉ SIÈCLE)

40 — *Projet de feuille d'éventail,* à sujet pastoral.

Dessin au lavis de sépia.

Haut., 13 cent. ; larg., 42 cent.

ÉCOLE ITALIENNE (FIN DU XVᵉ SIÈCLE)

41 — *Tête de Madone.*

A la pointe d'argent rehaussé de blanc sur papier à préparation bleue.

Haut., 16 cent. 5 ; larg., 13 cent. 5.

FRAGONARD (JEAN-HONORÉ)

Grasse, 1732 † 1806.

42 — *Portrait présumé de " Tante Rosalie " en pied.*

Dessin à la sanguine.

Haut., 38 cent. 5 ; larg., 24 cent. 5.

A été gravé par G. Demarteau, nᵒ 351.
« Tante Rosalie » était une fille de Fragonard morte à vingt ans.

FRAGONARD (JEAN-HONORÉ)

43 — *Portrait de Madame Fragonard, femme de l'artiste.*

Dessin à la sanguine sur papier mince.

Haut., 39 cent. ; larg., 27 cent.

FRAGONARD (JEAN-HONORÉ)

44 — *Chemin ombragé à Albano,* dans la campagne de Rome.

Dessin à la pierre noire.

Haut., 46 cent. 5 ; larg., 33 cent.

FRAGONARD (JEAN-HONORÉ)

45 — *Etude d'homme couché.*

Contre-épreuve d'un dessin à la sanguine du Maître.

Haut., 31 cent. ; larg. 48 cent.

FRAGONARD (JEAN-HONORÉ)

46 — *Bas-relief antique.*

Dessin à la sanguine. Croquis de voyage de l'Artiste en Italie.

Haut., 14 cent. ; larg. 21 cent. 5.

FRAGONARD (JEAN-HONORÉ)

47 — *Intérieur rustique.*

Dessin à la pierre noire.

Haut., 14 cent. 5 ; larg., 22 cent. 5.

FRAGONARD (JEAN-HONORÉ)

48 — *La villa Madame.*

Dessin à la sanguine avec inscription autographe.

Haut., 45 cent. 5 ; larg., 33 cent.

FRAGONARD (attribué à J.-H.)

49 — *Etude de personnage.*

Dessin à la pierre d'Italie.

Haut., 19 cent. ; larg., 26 cent.

FRAGONARD (attribué à J.-H.)

50 — *La " Girandola", au château Saint-Ange, à Rome.*

Croquis au lavis de sépia.

Haut., 18 cent. ; larg. 27 cent.

FREUDEBERG (SIGISMOND)

Berne, 1745 † 1801.

51 — *Paysan debout.*

Dessin à la sanguine. Signé en bas, à droite.

Haut., 38 cent. ; larg. 24 cent. 5.

GREUZE (JEAN-BAPTISTE)

Tournus, 1725 † Paris, 1805.

52 — *Femme accoudée.* Etude.

Dessin à l'encre de Chine.

Haut., 31 cent. ; larg. 38 cent.

GREUZE (JEAN-BAPTISTE)

53 — *Allégorie du Bonheur conjugal.*

Dessin au lavis d'encre de Chine.

Signé en bas à gauche. Sur une feuille séparée, quatre lignes autographes de l'artiste expliquant l'allégorie.

Haut., 22 cent. ; larg. 35 cent. 5.

Collections Kouchelew-Bezborodko, Terricheff, A. Somof.
Cf. *Les Goncourt :* L'art au XVIII° siècle. Greuze, p. 305.

GREUZE (attribué à J.-B.)

54 — *Paysanne des environs de Lucques*

Dessin à la pierre noire.

Haut., 27 cent. 5 ; larg., 20 cent.

GREUZE (école de J.-B.)

55 — *La cueillette des fruits.*

Dessin au lavis d'encre de Chine rehaussé de gouache.

Haut., 23 cent. ; larg. 30 cent.

HACKAERT (JEAN)

Amsterdam, 1629 † 1699.

56 — *Cavalier avec son chien dans un paysage.*

Au lavis de sépia.

Haut., 18 cent. ; larg., 30 cent.

HUET (attribué à J.-B.)

57 — *Habitation rustique et lavandière.*

Dessin à la pierre noire et rehauts de blanc, sur papier bleu.

Haut., 30 cent. ; larg. 37 cent. 5.

HUYSUM (JAN VAN)

Amsterdam, 1682 † 1749.

58 — *Fleurs dans un vase.*

Pierre noire lavé d'encre de Chine.

Haut., 39 cent. ; larg. 30 cent.

HUYSUM (JAN VAN)

59 — *Fleurs dans un vase.*

Pierre noire lavé d'encre de Chine. Signé en bas, daté 1723.

Haut., 36 cent. ; larg., 28 cent. 5.

HUYSUM (JAN VAN)

60 — *Figures mythologiques dans un paysage.*

Plume lavé d'encre de Chine. Signé en bas, dans une pierre.

Haut., 19 cent. 5 ; larg. 16 cent.

KALF (WILLEM)

Amsterdam, 1622 ÷ 1693.

61 — *Table chargée de fruits, de crustacés et d'objets divers.*

Plume lavé d'encre de Chine.

Haut., 21 cent. ; larg. 31 cent. 5.

KULMBACH (HANS SUESS DIT VON)

Kulmbach, 1476 † Nuremberg, 1522.

62 — *Jeune femme, coiffée d'un hennin. Elle est debout tenant une banderole, au centre d'une composition décorative formée de volutes de feuilles d'acanthe.*
Au verso : Autre motif décoratif.

Plume lavé d'encre de Chine rehaussé de blanc sur papier teinté rose.

Haut., 27 cent. 5 ; larg., 18 cent. 5.

LALLEMAND, de Dijon (JEAN-BAPTISTE)

Dijon, 1710 † Paris, 1803.

63 — *La Danse.*

Dessin à la plume et lavis d'encre de Chine.

Haut., 20 cent. 5 ; larg., 33 cent.

LANCRET (attribué à N.)

64 — *Le Départ pour la chasse.*

Dessin au crayon noir rehaussé de blanc, sur papier bleu.

Haut., 20 cent. 5 ; larg., 24 cent. 5.

LANTARA (SIMON-MATHURIN)

Oncy-Milly, 1729 † Paris, 1778.

65 — *Paysage et pêcheurs.*

Dessin au crayon noir rehaussé de blanc sur papier bleu.

Haut., 28 cent. 5 ; larg., 22 cent. 5.

LARUE (LOUIS-FÉLIX DE)

Paris, 1731 † 1755.

66-67 — *Nymphe, faune et amours.*

Deux dessins, de forme ronde, à la plume et léger lavis de sépia. Signés et datés.

Diam., 17 cent. 5.

LEBRUN (CHARLES)

Paris, 1619 † 1690.

68 — *Portrait du maréchal de Turenne.*

Etude de tête de grandeur naturelle.
Dessin au pinceau à l'encre de Chine.

Haut., 30 cent. ; larg., 28 cent.

LE PAUTRE (attribué à)

69 — *Allégorie relative à la Révocation de l'Edit de Nantes.*

Dessin à la plume et aquarelle.

Haut., 16 cent. ; larg., 32 cent.

MALLET (JEAN-BAPTISTE)

Grasse, 1759 † Paris, 1835.

70 — " *La Servante Justifiée* ", projet de décor pour cet opéra-comique.

Gouache.

Haut., 20 cent. 5 ; larg., 28 cent. 5.

MARÉCHAL (XVIIIᵉ SIÈCLE)

71 — *Fête champêtre devant le Château.*

Dessin à la plume et lavis d'encre de Chine.

Haut., 28 cent. 5 ; larg., 59 cent.

Cachet de la Collection A. Beurdeley. Vente de mars 1905, nᵒ 155.

MEULEN (ADAM FRANS VAN DER)

Bruxelles, 1632 † Paris, 1690.

72 — *Un officier debout près d'un carosse assiste à un défilé de cavalerie.*

Plume rehaussé d'aquarelle.

Haut., 19 cent. ; larg., 33 cent.

MOREAU l'aîné (LOUIS-GABRIEL)

Paris, 1740 † 1806.

73 — *Paysage, habitations rustiques et personnages.*

Aquarelle. Signée des initiales, en bas, à gauche.

Haut. 11 cent. 5 ; larg., 16 cent. 5.

MOREAU le jeune (JEAN-MICHEL)

Paris, 1741 † 1814.

74 — « *Réjouissances du peuple près de la pyramide d'illumination, élevée sur l'Esplanade de la Porte de Mars, et distribution de vivres, fontaines de vin, sous les ordres de MM. du Conseil de la Ville, à Reims, le 27 août 1765* ».

Important dessin à la plume et lavis d'encre de Chine. Signé et daté en bas à gauche. 1767.

Haut., 45 cent. ; larg., 63 cent

A été gravé dans le même sens, et de même grandeur par les frères Varin, en 1772. La gravure accompagne le dessin.

(Voir plus loin, nᵒ 113, le dessin de Blarenberghe, exécuté à l'occasion des mêmes fêtes).

MORLAND (d'après GEORGES)

75 — *La sortie des animaux.*

Dessin à la plume et à l'aquarelle.

Haut., 27 cent. ; larg., 36 cent.

MOUCHERON (ISAAC DE)

Amsterdam, 1670 † 1744.

76 — *Monuments antiques dans un paysage.*

Plume et aquarelle.

Haut. 16 cent. ; larg., 6 cent. 8.

MOUCHERON

77 — *Monuments antiques dans un paysage.*

Plume et aquarelle.

Haut., 16 cent. ; larg., 6 cent. 8.

OSTADE (ADRIEN VAN)

Haarlem, 1610 † 1685.

78 — *Paysan assis tenant un gobelet.*

Plume lavé d'encre de Chine.

Haut., 7 cent. 5 ; larg. 5 cent. 4.

OSTADE (ADRIEN VAN)

79 — *Marchande ambulante.*

A la plume lavé de bistre.

Haut., 6 cent. 3 ; larg., 3 cent. 7.

OSTADE (ADRIEN VAN)

80 — *Paysans découpant un porc.*

Plume rehaussé d'aquarelle.

Haut., 10 cent. 2 ; larg., 12 cent. 5.

OUDRY (JEAN-BAPTISTE)

Paris, 1686 ÷ 1755.

81 — *Nature morte.* Projet de panneau décoratif.

Dessin à la sanguine. Signé en bas, à droite.

Haut., 18 cent. 5 ; larg., 25 cent. 5.

OUDRY (JEAN-BAPTISTE)

82-83 — *Fruits et fleurs.* Projets de panneaux décoratifs.

Deux dessins au lavis de sépia rehaussé de gouache. Sur papier gris.

Haut., 20 cent. ; larg., 16 cent.

PAILLETTE (M^de^)

84 — *Pêcheurs au bord de la Mer.*

Dessin au lavis d'encre de Chine. Signé et daté 1776, à Paris.

Haut., 7 cent. ; larg., 13 cent. 5.

PARROCEL (JOSEPH)

Brignoles, 1646 † Paris, 1704.

85 — *Soldat assis à terre dormant.*

Dessin à la pierre noire.

Haut., 22 cent. 5 ; larg. 30 cent.

PATER (JEAN-BAPTISTE)

Valenciennes, 1695 † Paris, 1736.

86 — *Deux femmes.* Etude.

Dessin à la sanguine. Sur la monture, d'une écriture ancienne on lit :
« A. Vateau ».

Haut., 18 cent. ; larg., 24 cent.

PERIGNON (NICOLAS)

Nancy, 1725 † Paris, 1782.

87 — *Paysage et villa des environs de Rome,* avec bergers et animaux.

Dessin à l'aquarelle. Signé des initiales.

Haut., 23 cent. ; larg., 37 cent. 5.

PERIGNON (NICOLAS)

88 — *Vieilles maisons au bord d'une rivière.*

Dessin à la plume et à l'aquarelle. Signé des initiales, en bas, à gauche.

Haut., 10 cent. 5 ; larg., 16 cent. 5.

PÉRIGNON (NICOLAS)

89 — *Cour de ferme.*

Dessin à la plume et à l'aquarelle. Signé en bas à gauche.

Haut., 10 cent. 5 ; larg., 17 cent.

PERIGNON (NICOLAS)

90 — *L'Eglise du village.*

Dessin à la plume et à l'aquarelle. Signé des initiales, en bas, à droite.

Haut., 11 cent. ; larg., 16 cent. 5.

PÉRIGNON (NICOLAS)

91 — *La porte de ville.*

Dessin à la plume et à l'aquarelle. Signé des initiales, en bas, à droite.

Haut., 10 cent. 5 ; larg., 16 cent. 5.

PERNET (JEAN-HENRI-ALEXANDRE)

Paris vers 1763.

92 — *Ruines antiques.*

Grand dessin au trait relevé d'aquarelle.

Haut., 51 cent. ; larg., 36 cent. 5.

PEYRE (ANTOINE-FRANÇOIS)

Paris, 1739 † 1823.

93 — *Vue de la façade du Palais des Tuileries avec une partie des Jardins.*

Dessin à la plume et lavis d'aquarelle avec pointes de gouache. Signé des initiales, en bas à droite.

Haut., 17 cent. ; larg., 28 cent.

PILLEMENT (JEAN)

Lyon, 1727 † 1808.

94 — *Gorge des Alpes traversée par un torrent.*

Dessin à la pierre noire. Signé à droite.

Haut., 32 cent. ; larg., 36 cent. 5.

PILLEMENT (JEAN)

95 — *Paysage, ruines et paysans, au bord d'une rivière.*

Dessin à la pierre noire. Signé à gauche.

Haut., 21 cent. ; larg., 32 cent.

PRENNER (ANT. JOSEPH VON)

Vienne 1698 † 1761.

96 — *Portrait d'un gentilhomme.*

A la pierre noire.

Haut., 26 cent. 5 ; larg., 18 cent. 5.

REMBRANDT (HARMENSZ VAN RYJN)

Leyde, 1606 † Amsterdam, 1669.

97 — *L'ange apparaissant à Tobie, dans un paysage.*

A la plume.

Haut., 16 cent. ; larg., 21 cent.

ROBERT (HUBERT)

Paris, 1733 † 1808.

98 — *Monuments à Rome*, avec figures.

Dessin à la sanguine. Signé : *H. Roberti*. Roma 1759.

Haut., 31 cent. 5 ; larg., 22 cent.

ROBERT (HUBERT)

99 — *Les Terrasses et Jardins de la villa Barberini, à Rome.*

Dessin à la sanguine. Signé à la plume, en bas à droite.

Haut., 36 cent. ; larg., 29 cent. 5.

ROBERT (HUBERT)

100 — *Coin de Jardin orné de fragments antiques.*

Dessin à la sanguine.

Haut., 15 cent. ; larg., 22 cent.

ROBERT (HUBERT)

101 · *Parc de la villa Borghèse, à Rome.*

Dessin à sanguine.

Haut., 23 cent. 5 ; larg., 35 cent.

ROBERT (HUBERT)

102 — *Paysage et ruines dans la campagne de Rome.*

Dessin à la sanguine.

Haut., 28 cent. ; larg. 39 cent.

ROBERT (attribué à HUBERT)

103 — *Habitations rustiques et figures.*

Dessin à la pierre d'Italie.

Haut., 29 cent. ; larg., 45 cent. 5.

ROBERT (attribué à HUBERT)

104 — *La villa Aldobrandini et sa terrasse.*

Dessin à la plume et lavis d'aquarelle.

Haut., 28 cent. ; larg., 41 cent.

SAINT-AUBIN (AUGUSTIN DE)

Paris, 1737 ÷ 1807.

105 — *Portrait présumé de Mlle de Saint-Huberty.*

Contre-épreuve d'un dessin au crayon et à la sanguine.

Haut., 13 cent. 5 ; larg., 11 cent.

SAINT-AUBIN (attribué à GABRIEL DE)

106 — *Femme nue couchée.*

Dessin à la plume, au revers d'une carte à jouer.

Haut., 5 cent. 5 ; larg., 8 cent. 5.

SCHELLINKS (WILLEM)

Amsterdam, 1627 ÷ 1678.

107 — *Village avec moulin au bord de la rivière, animé de personnages.*

Plume lavé d'encre de Chine.

Haut., 22 cent. ; larg., 18 cent. 5.

SWEBACH (EDOUARD)

Paris, 1800 † 1870.

108 — *La halte à la ferme.*

Dessin au crayon.

Haut., 13 cent. ; larg., 15 cent.

TIÉPOLO (DOMINIQUE JEAN)

1727 † 1804.

109 — *Jésus guérissant un paralytique.*

Plume lavé de bistre, signé en bas à gauche.

Haut., 21 cent. ; larg., 29 cent. 5.

TIÉPOLO (GIAMBATTISTA)

Venise, 1692 † Madrid, 1769.

110 — *Tête de vieillard coiffé d'un turban (au dos : griffonnages).*

Plume lavé de bistre. Cachet de la *C. Delaroff.*

Haut., 31 cent. 5 ; larg., 22 cent. 5.

TROY (FRANÇOIS DE)

Toulouse, 1645 † Paris, 1730.

111 — *Gentilhomme et son fils : au-dessous : Etude de main.*

Dessin à la sanguine.

Haut., 31 cent. ; larg., 20 cent.

TROY (attribué à FRANÇOIS DE)

112 — *Portrait de femme assise.*

Dessin au crayon noir et rehauts de blanc, sur papier bleu.

Haut., 28 cent. ; larg., 22 cent.

VAN BLARENBERGHE

Lille, 1716 † Fontainebleau, 1794.

113 — *« Perspective de l'illumination du Cours le Pelletier et de la salle du Bal, à l'occasion de l'inauguration de la statue du Roy, à Reims le 28 aoust 1765 ».*

Important dessin au trait, à la sépia et rehauts de gouache. En bas à droite, on lit : *Approuvé Cochin Van Blarenberghe.*

Haut., 46 cent. ; larg., 63 cent.

A été gravé, en contre-partie (sauf l'inscription dans la banderole soutenue par des amours) de même dimension par les frères Varin.

La gravure accompagne le dessin.

VAN DYCK (attribué à ANTOINE)

114 — *Portrait de jeune homme tenant une fleur.*

Pierre noire rehaussé de sanguine. Porte en haut à gauche, une inscription ancienne : Ant. Van Dyke, 1640.

Haut., 19 cent. ; larg., 13 cent. 5.

VAN GOYEN (JAN-JOSEFOZ)

Leyde, 1596 † La Haye, 1665.

115 — *Village au bord d'une rivière animé de personnages et embarcations.*

Pierre noire. Signé des initiales et daté 1651 en bas à gauche.

Haut., 11 cent. ; larg., 20 cent.

VAN GOYEN (J.)

116 — *Foire de village.*

Pierre noire signé d'initiales daté 1651 en bas à droite.

(*Pendant du précédent.*)

Haut., 11 cent. ; larg., 20 cent.

VIEN (JOSEPH)

Montpellier, 1716 † Paris, 1809.

117 — *Vieillard en costume oriental.*

Dessin à la sanguine. Signé en bas. A été gravé par l'artiste.

Haut., 48 cent. ; larg., 35 cent.

VISSCHER (CORNÉLIS)

Harlem, 1629 † 1662.

118 — *Portrait d'homme debout montrant un instrument de musique et une partition.*

A la pierre noire sur parchemin.

Haut., 26 cent. 5 ; larg., 21 cent.

WATELET (CLAUDE-HENRI)

Paris, 1718 † 1786.

119 — *Vue de l'Ile Copette.*

Dessin à la plume et lavis. Signé et daté 1770.

Haut., 25 cent. 5 ; larg., 20 cent.

WATTEAU (ANTOINE)

Valenciennes, 1684 † Nogent-sur-Marne, 1721.

120 — *Le Guitariste.*

Contre-épreuve d'un dessin du Maître, à la pierre noire et à la sanguine.

Haut., 32 cent. ; larg., 18 cent. 5.

WATTEAU (attribué à ANTOINE)

121 — *Figures d'Homme debout et Femme portant un enfant.*

Deux petits dessins à la sanguine.

Haut., 8 cent. ; larg., 4 cent. 5.

WILLE (PIERRE-ALEXANDRE)

Paris, 1748 † 1821.

122 — *Cour de ferme, avec personnages et animaux.*

Dessin à la plume et lavis d'encre de Chine.

Haut., 12 cent. ; larg., 18 cent.

WILLE (PIERRE-ALEXANDRE)

123 — *Portrait d'un artiste, debout s'appuyant sur un long bâton.*

Dessin à la sanguine.

Haut., 34 cent. ; larg., 23 cent.

IMPRIMERIE DE PERSAN-BEAUMONT

80, Avenue Wilson 80

- **PERSAN** (Seine-et-Oise) -

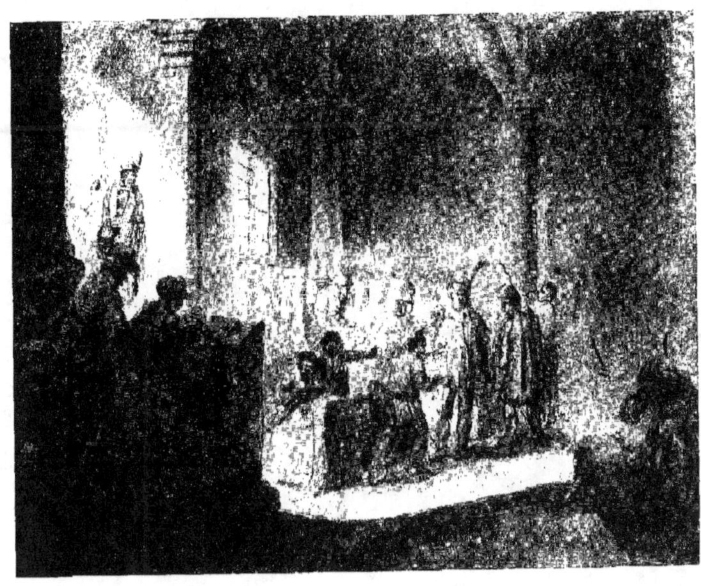

7

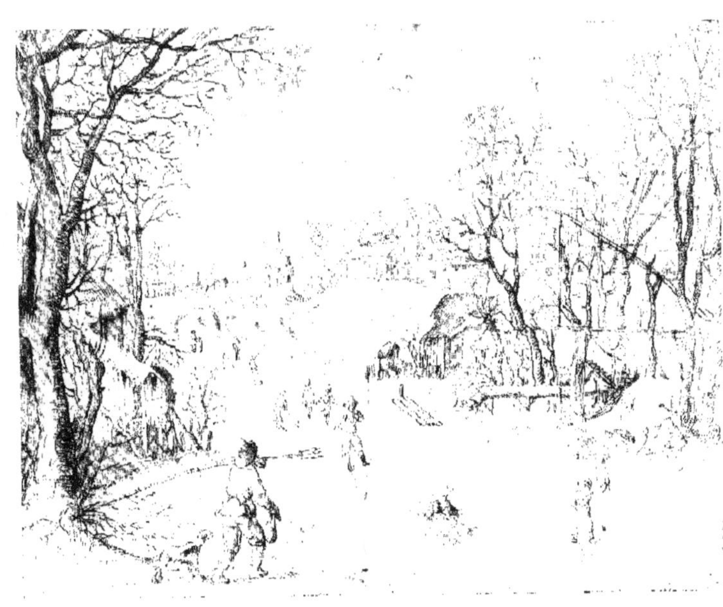

1

10

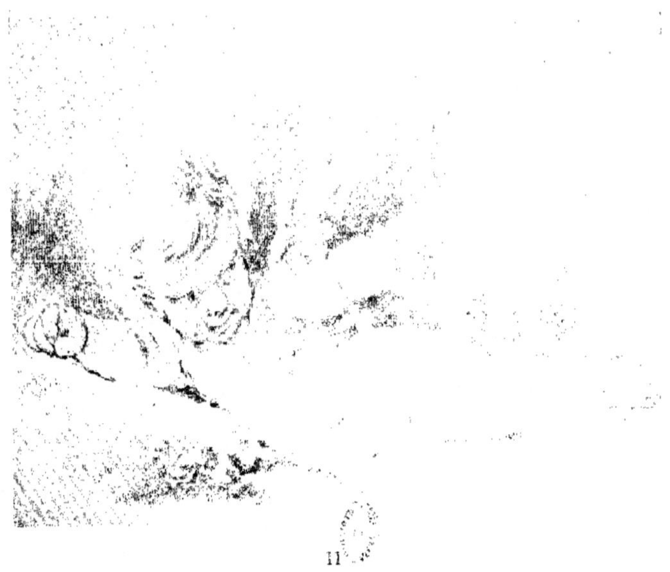

11

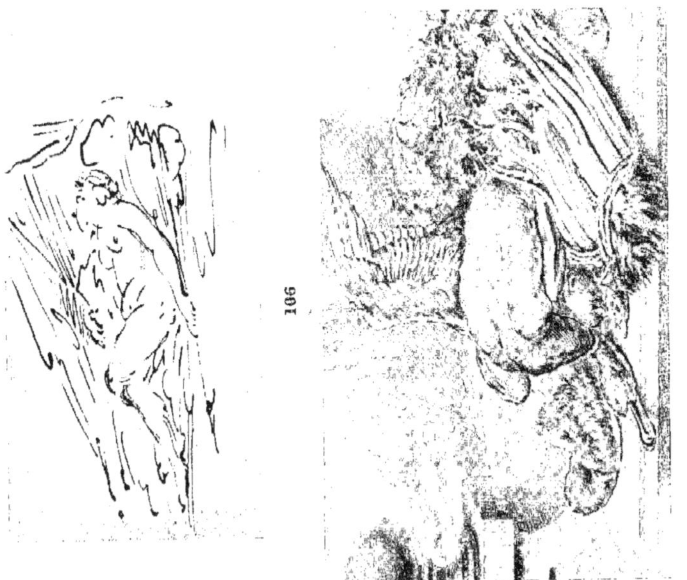

106

81

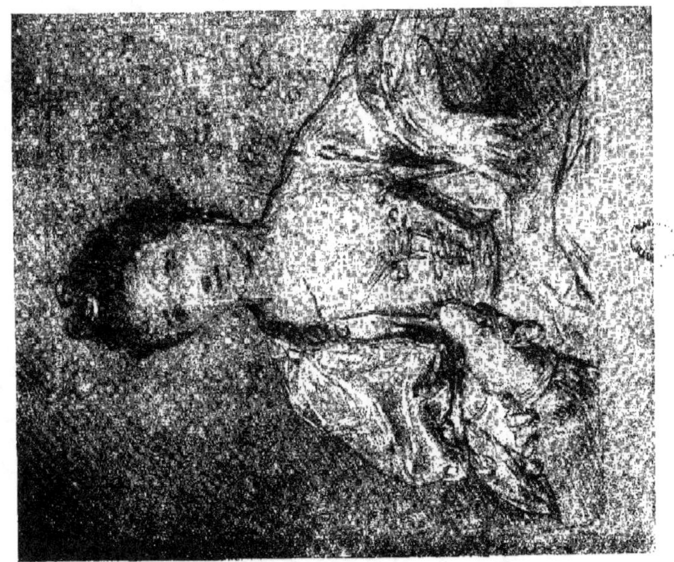

4

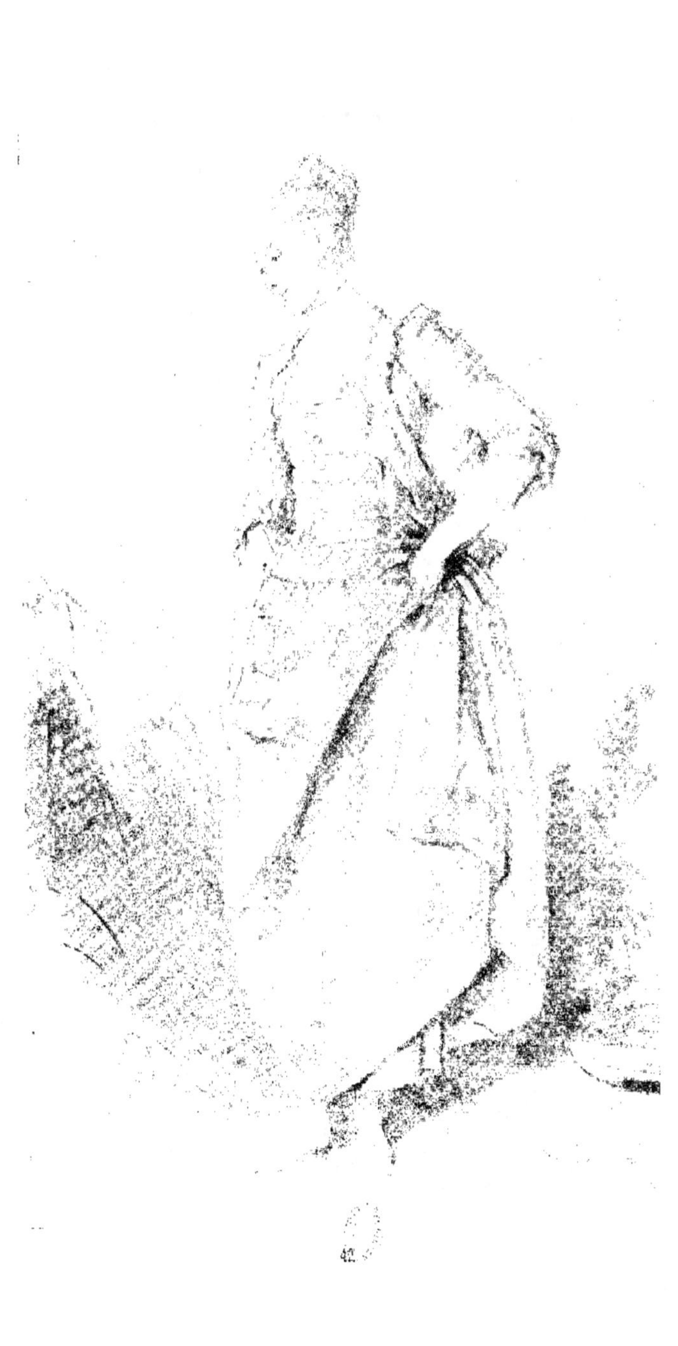

42

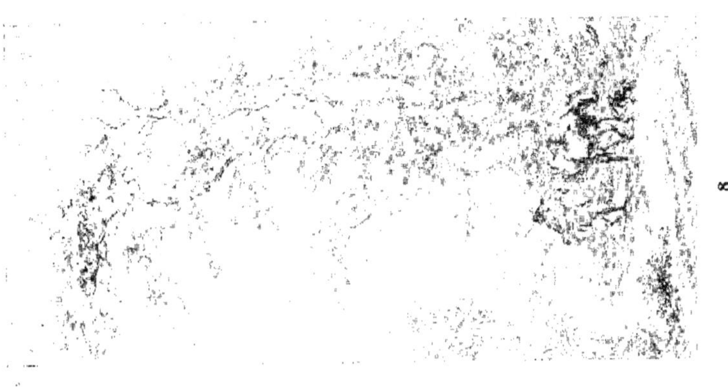

8

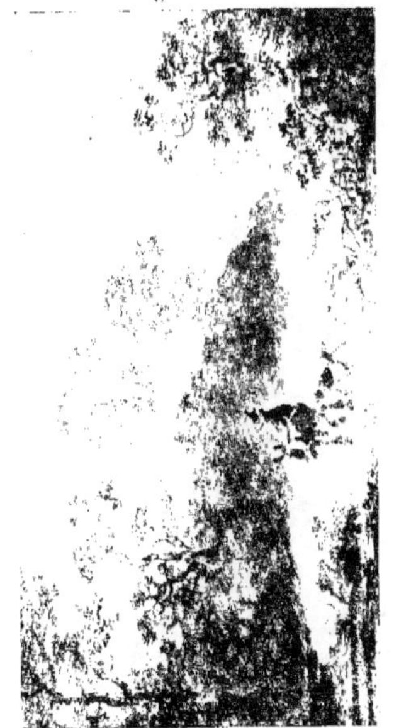

56

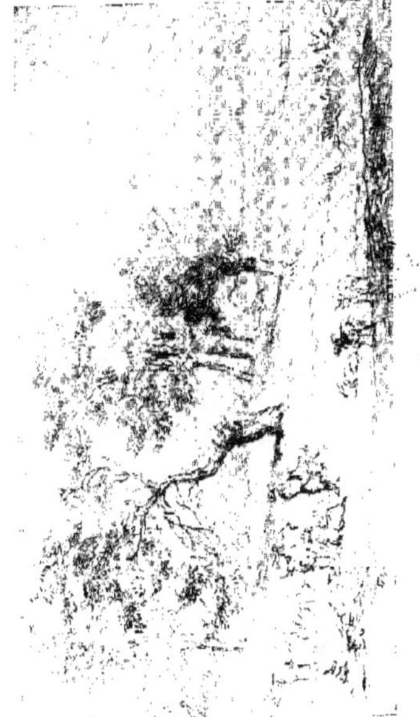

6

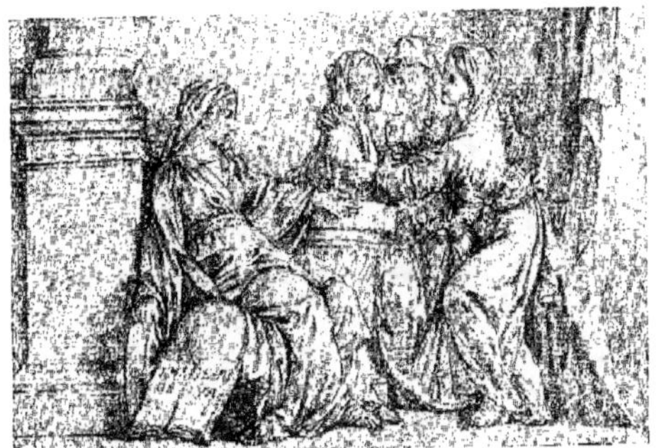

18

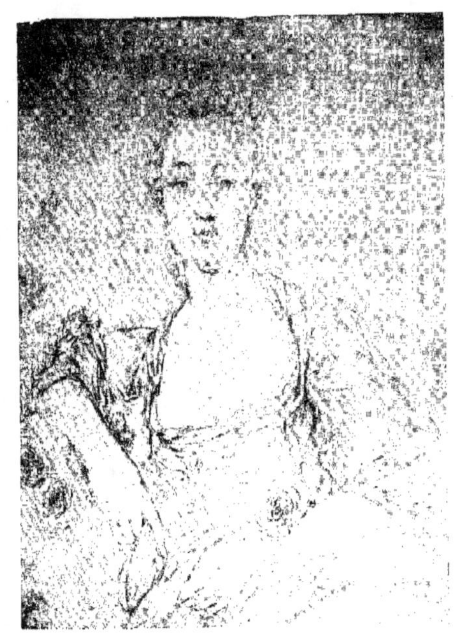

14

105

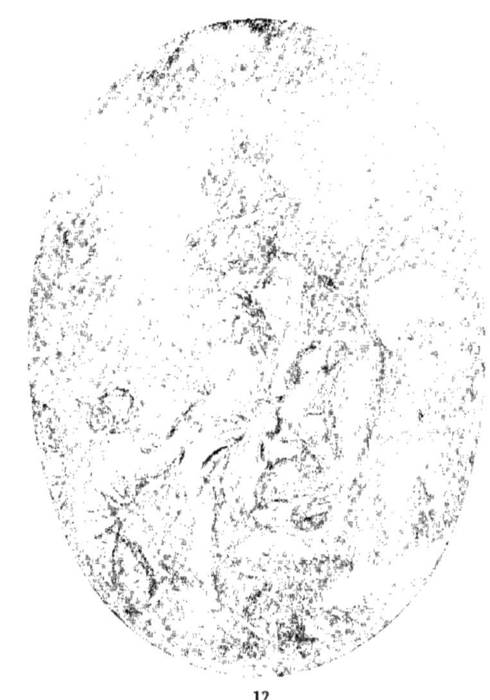

12

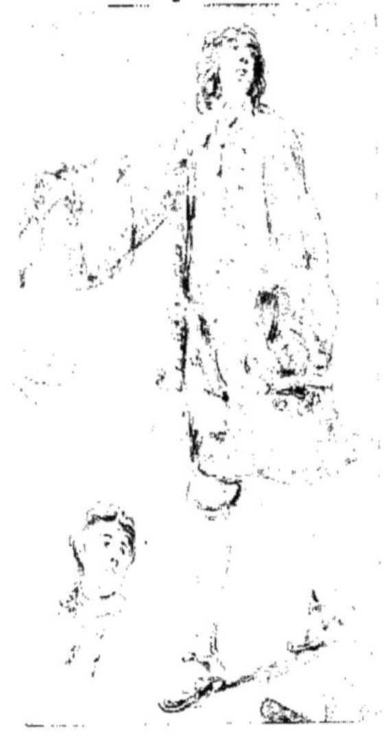

32

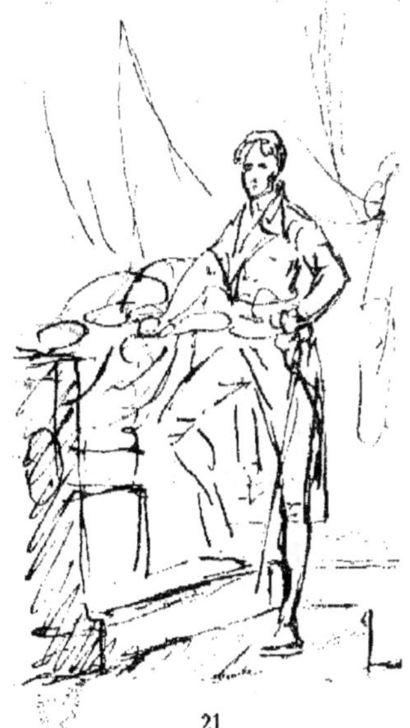

21

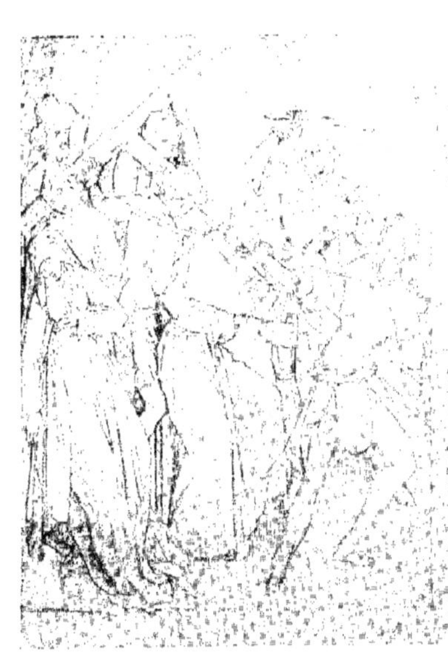

27

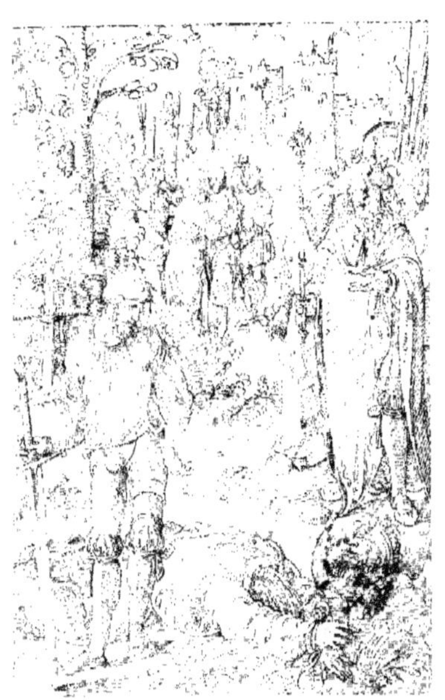

23

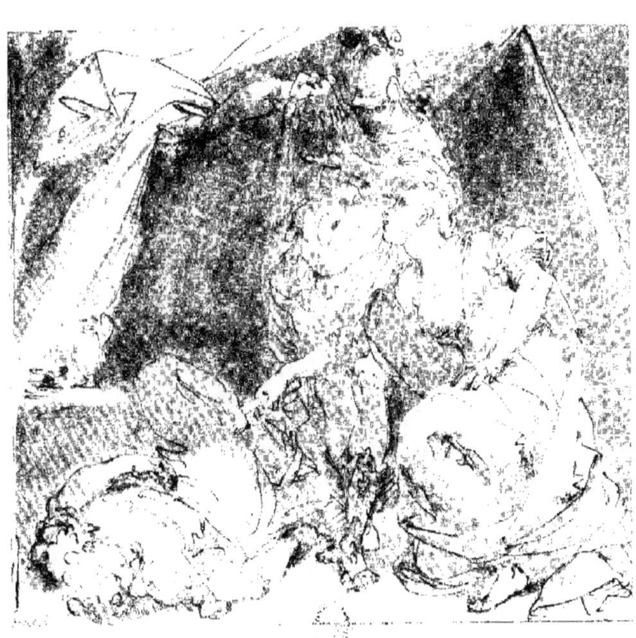

15

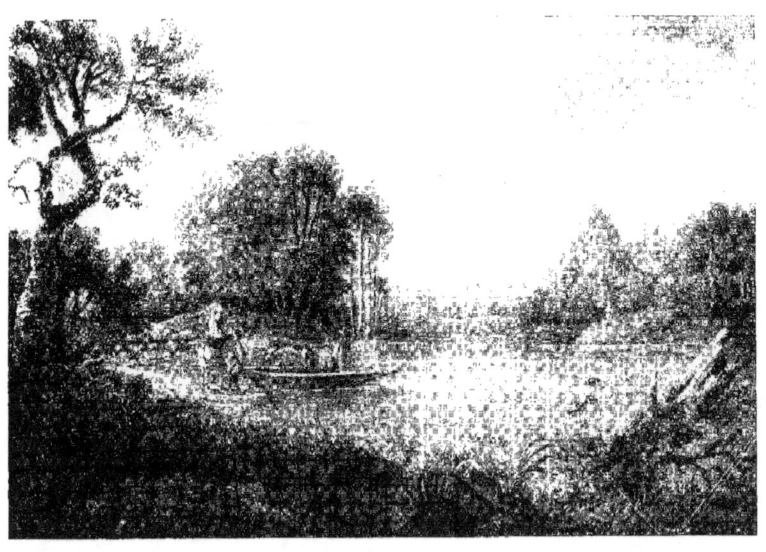

39

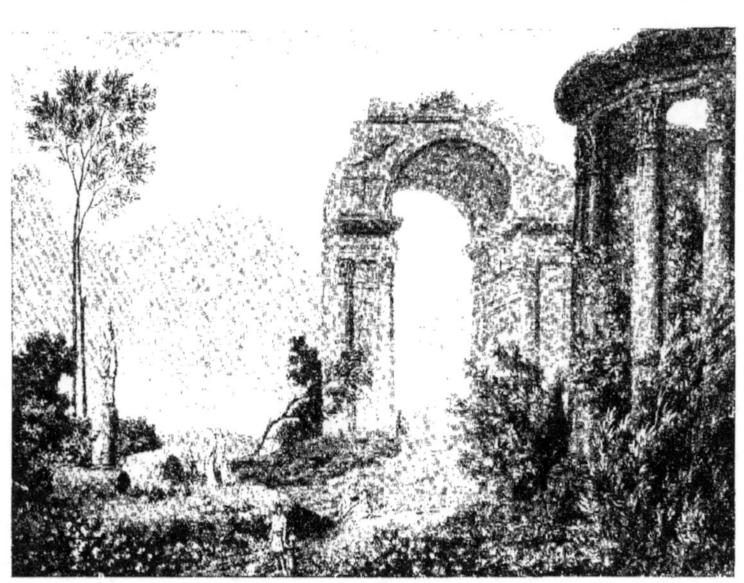

29

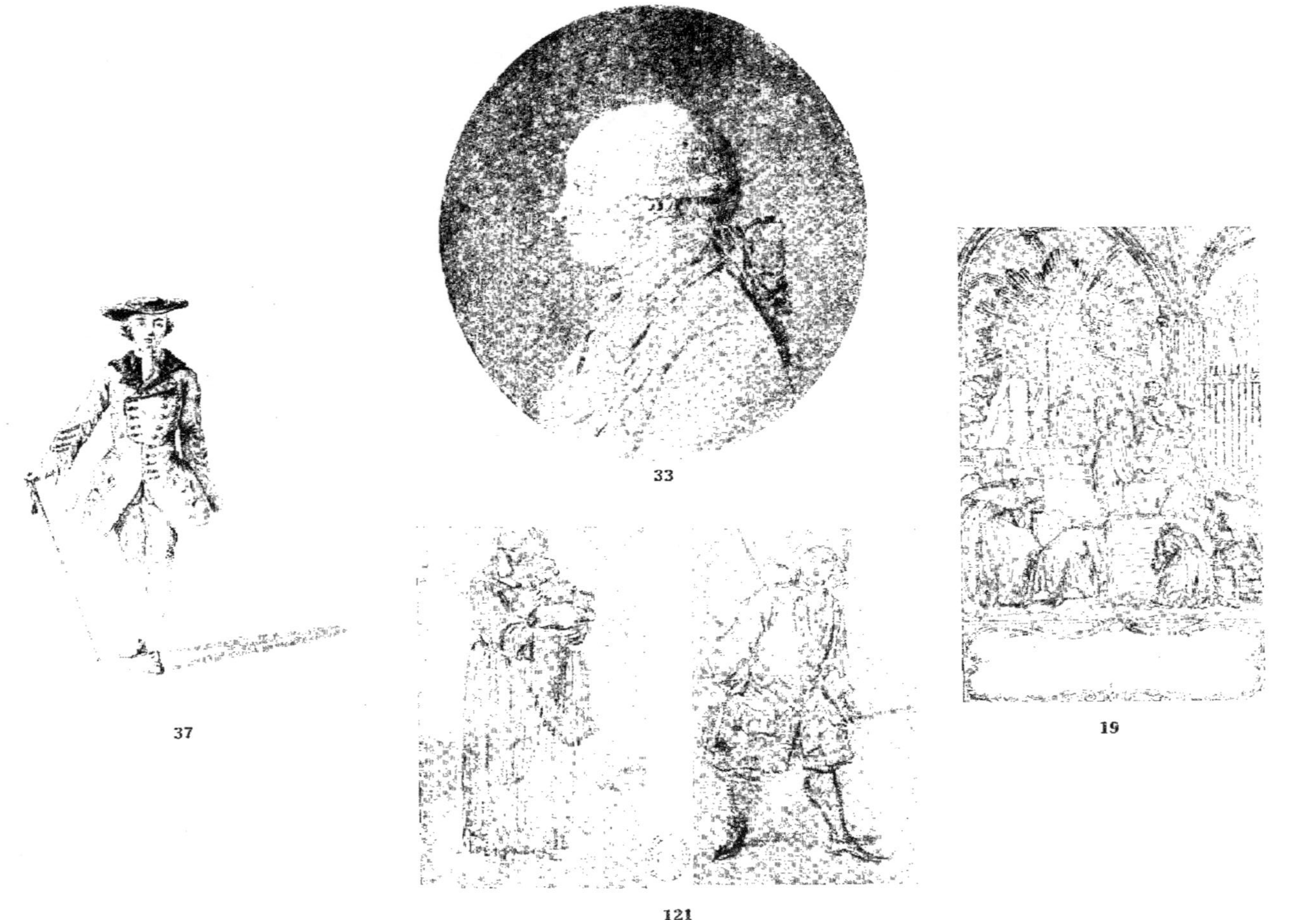
19
33
121
37

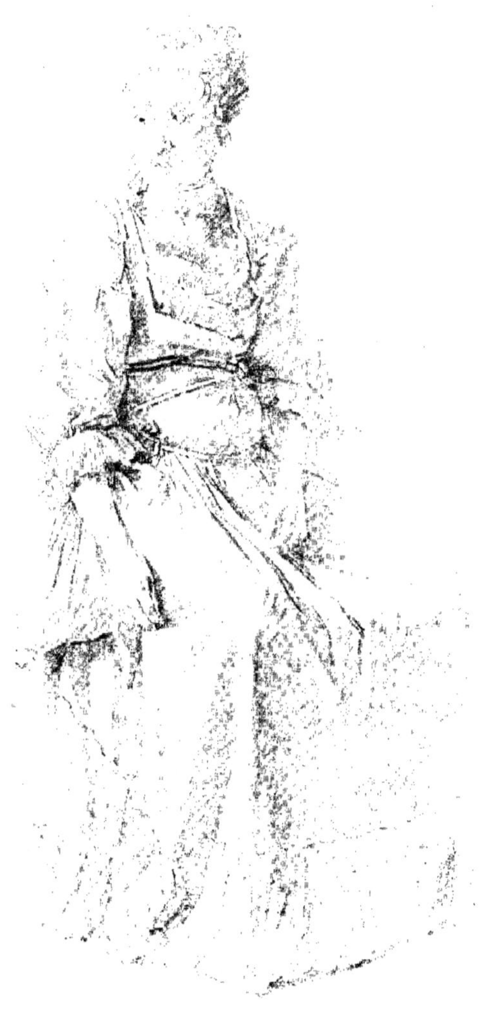

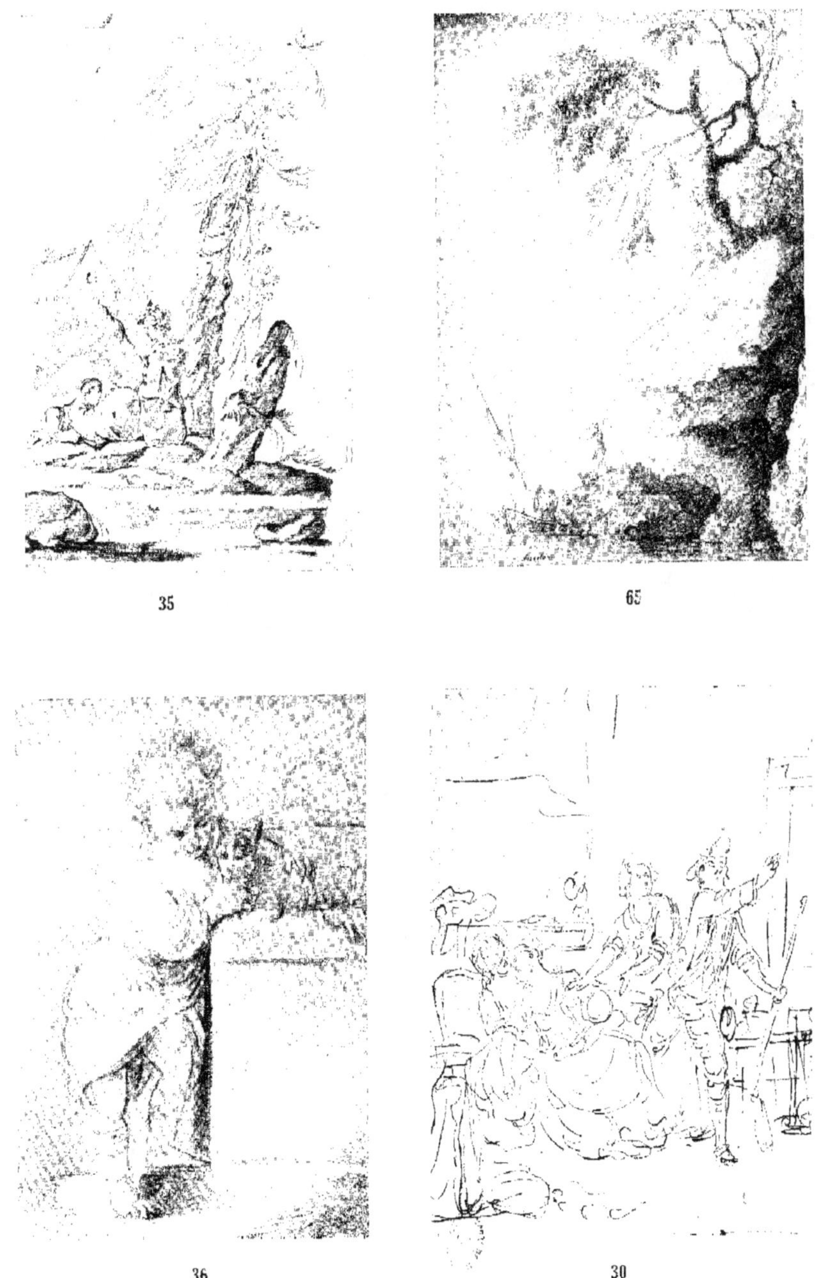

35

65

36

30

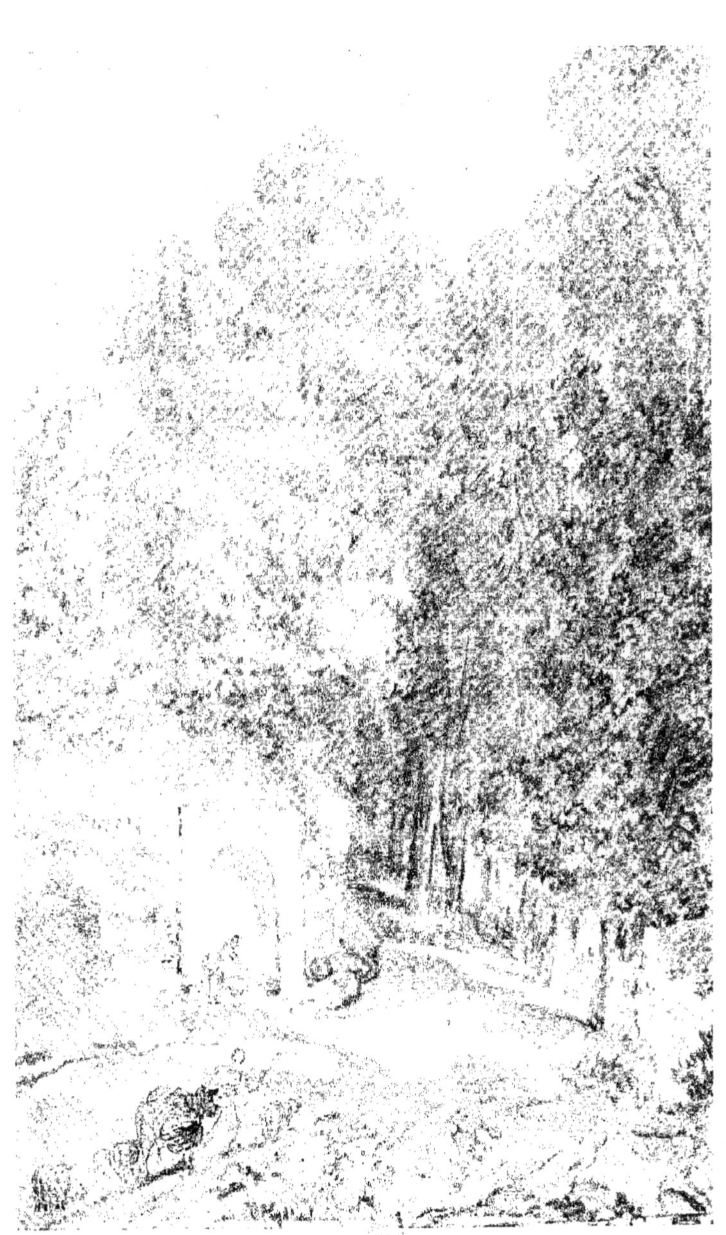

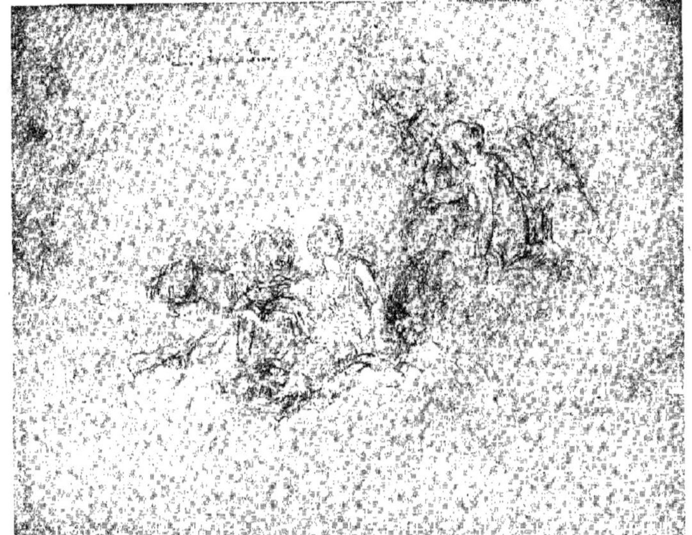

13

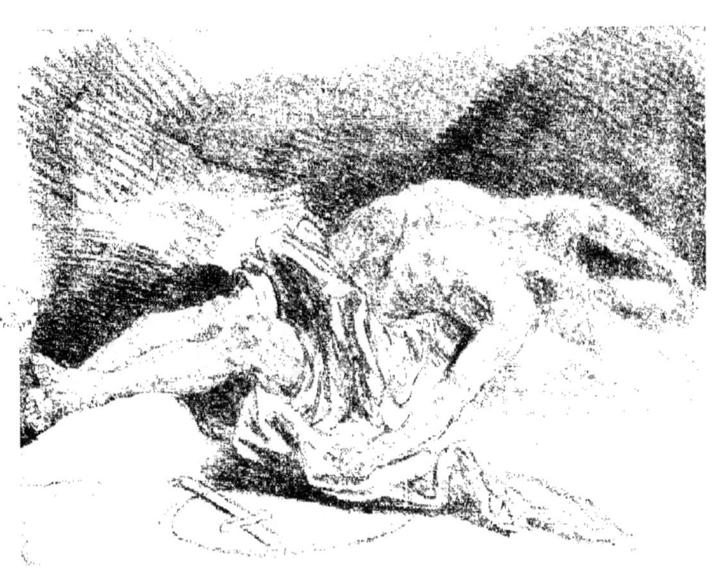

45

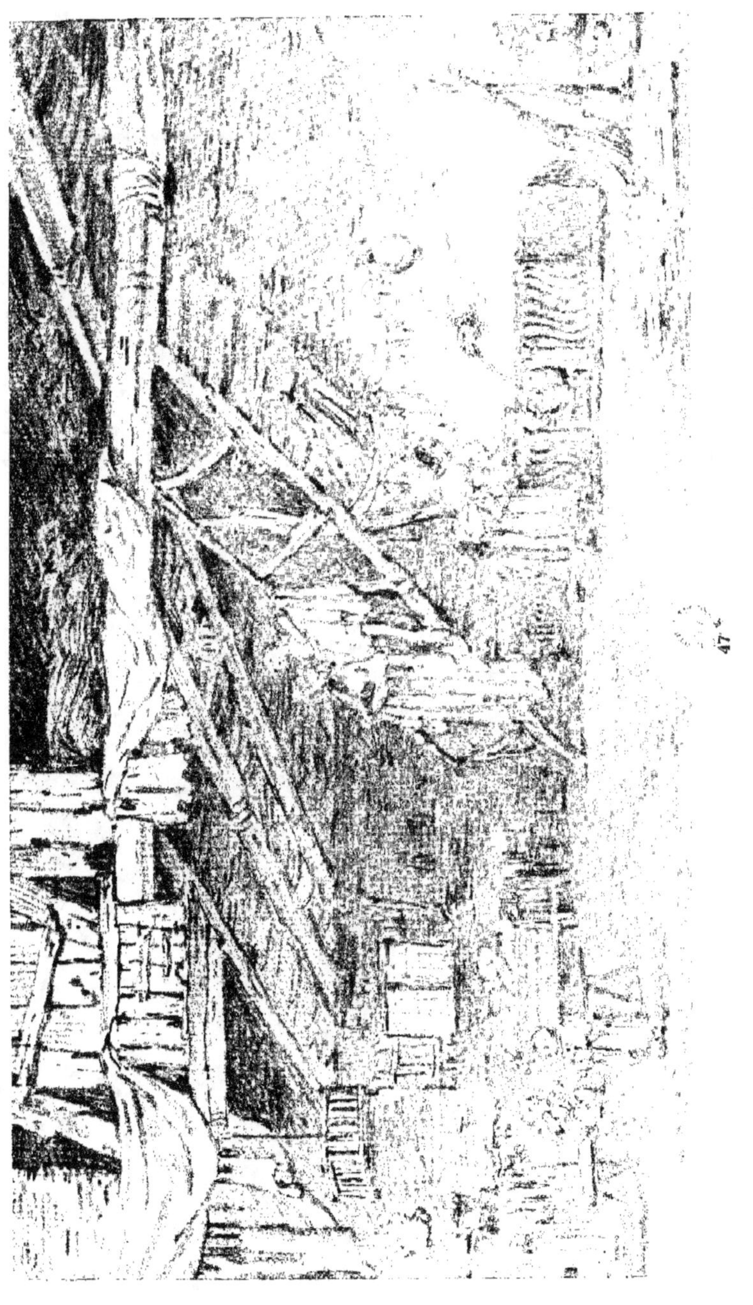

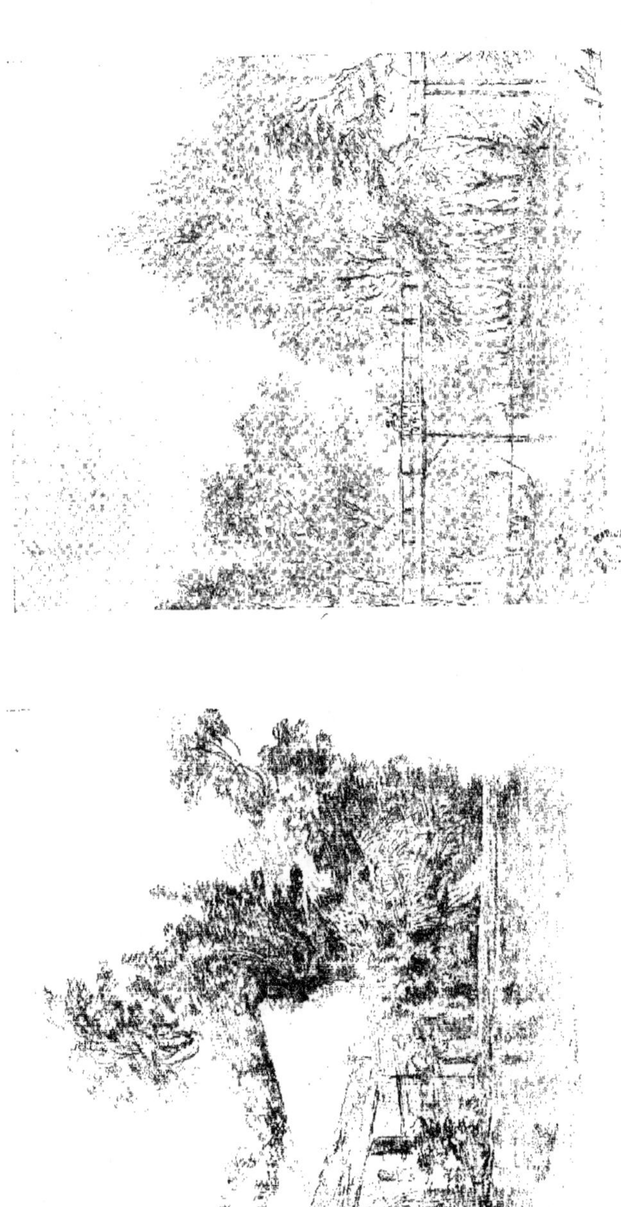

119
48

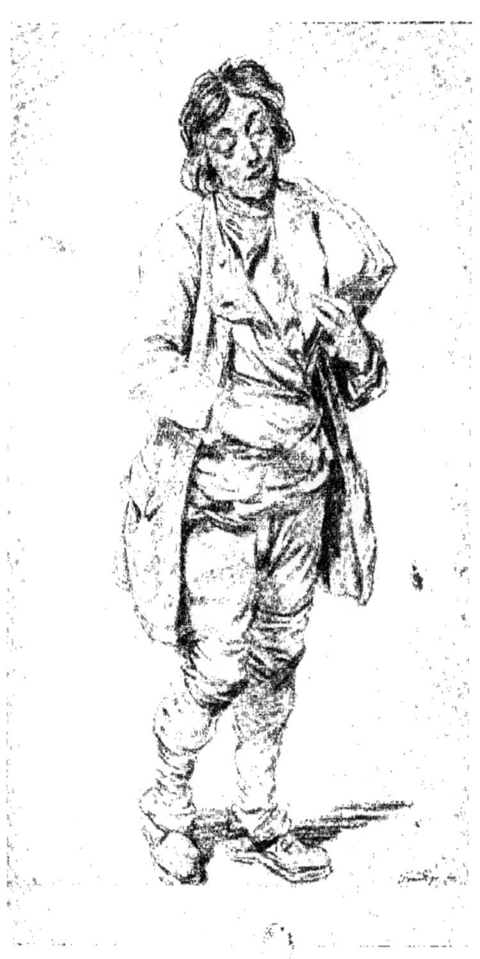

51.

52

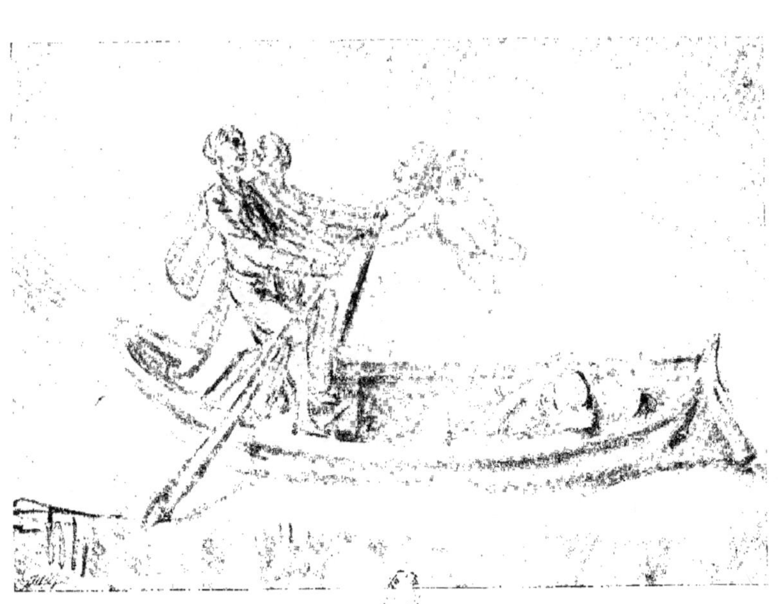

53

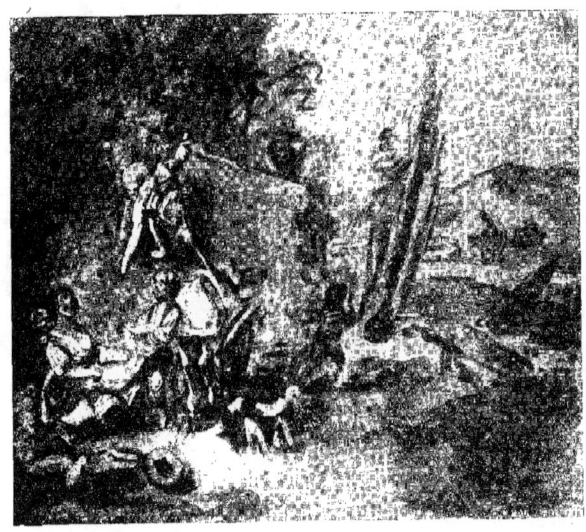

55

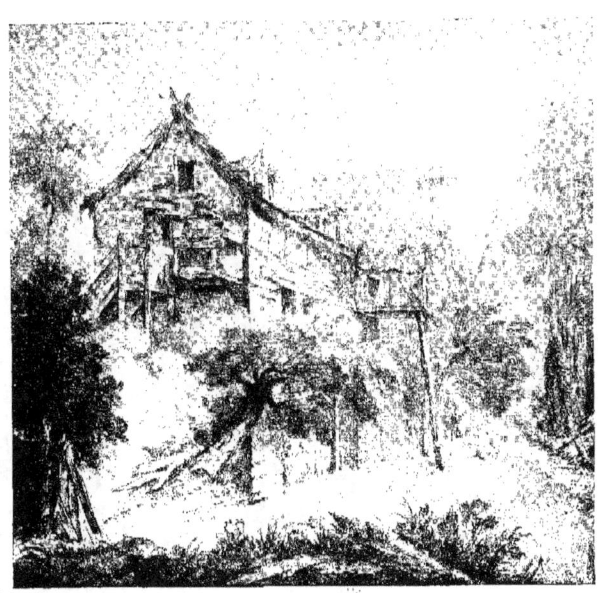

57

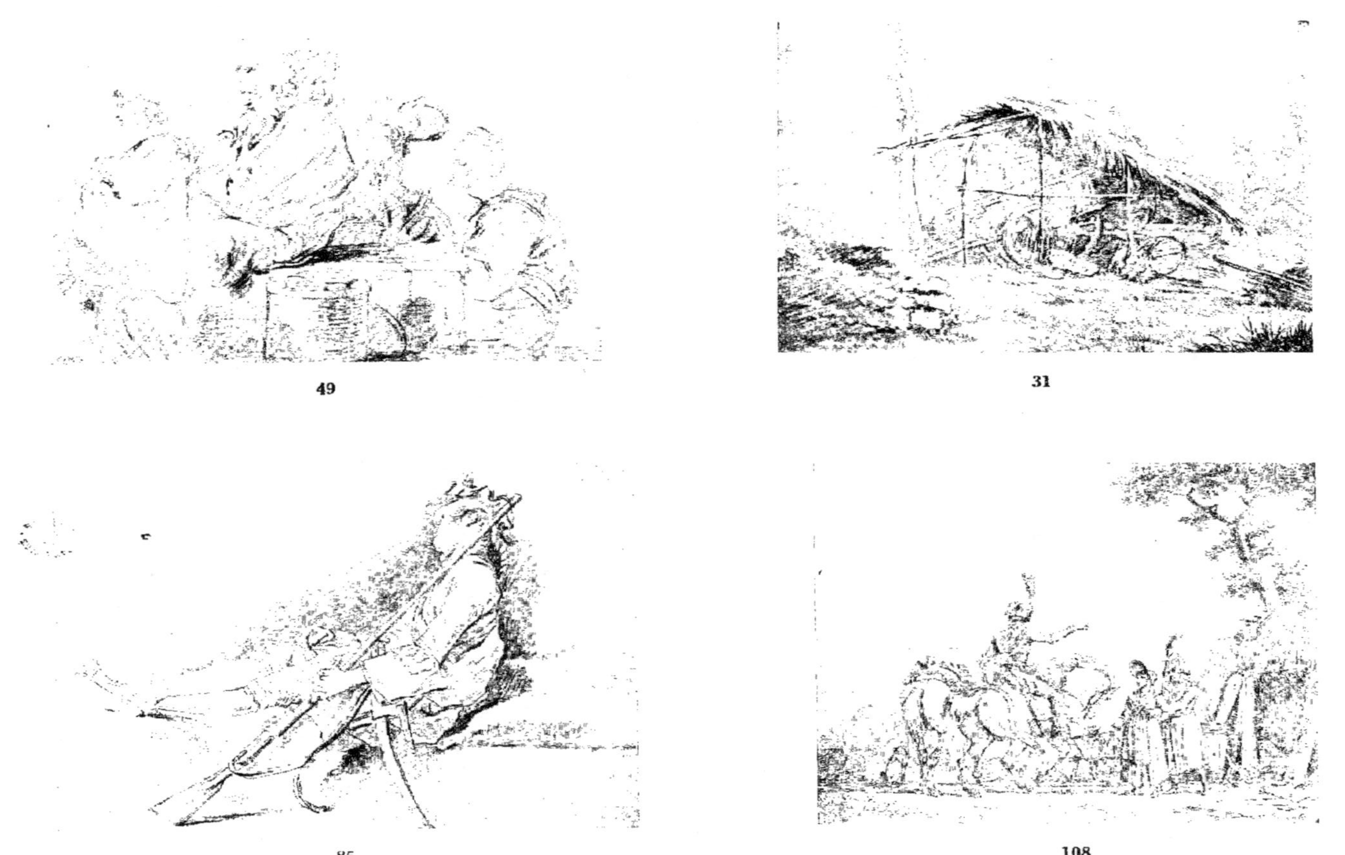

49

31

85

108

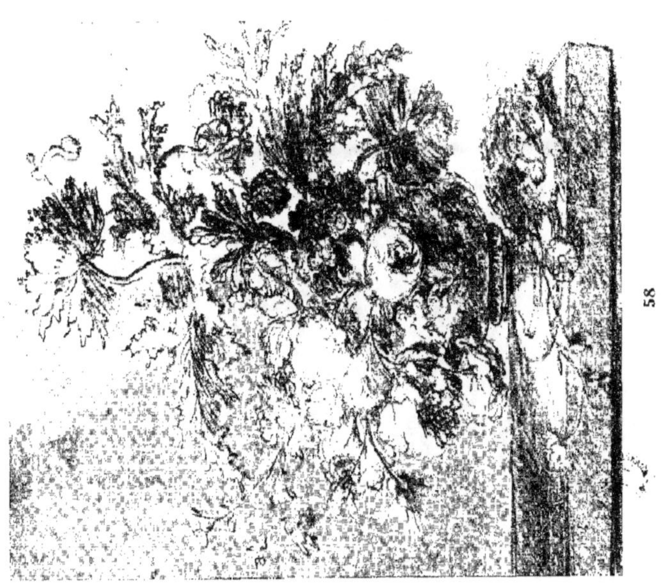

58

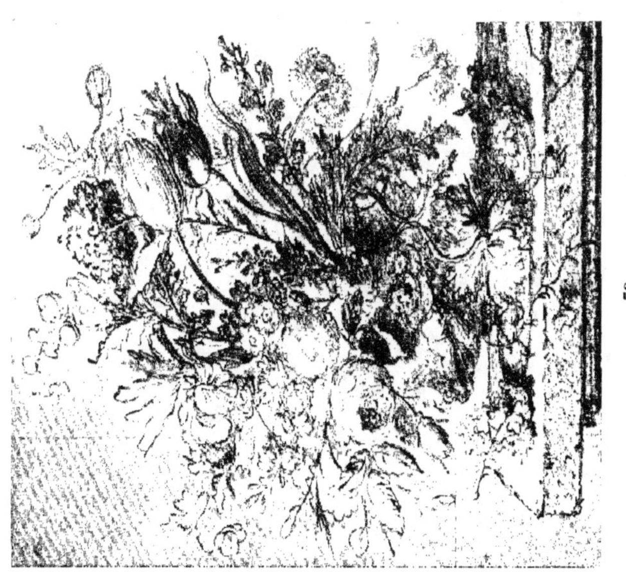

59

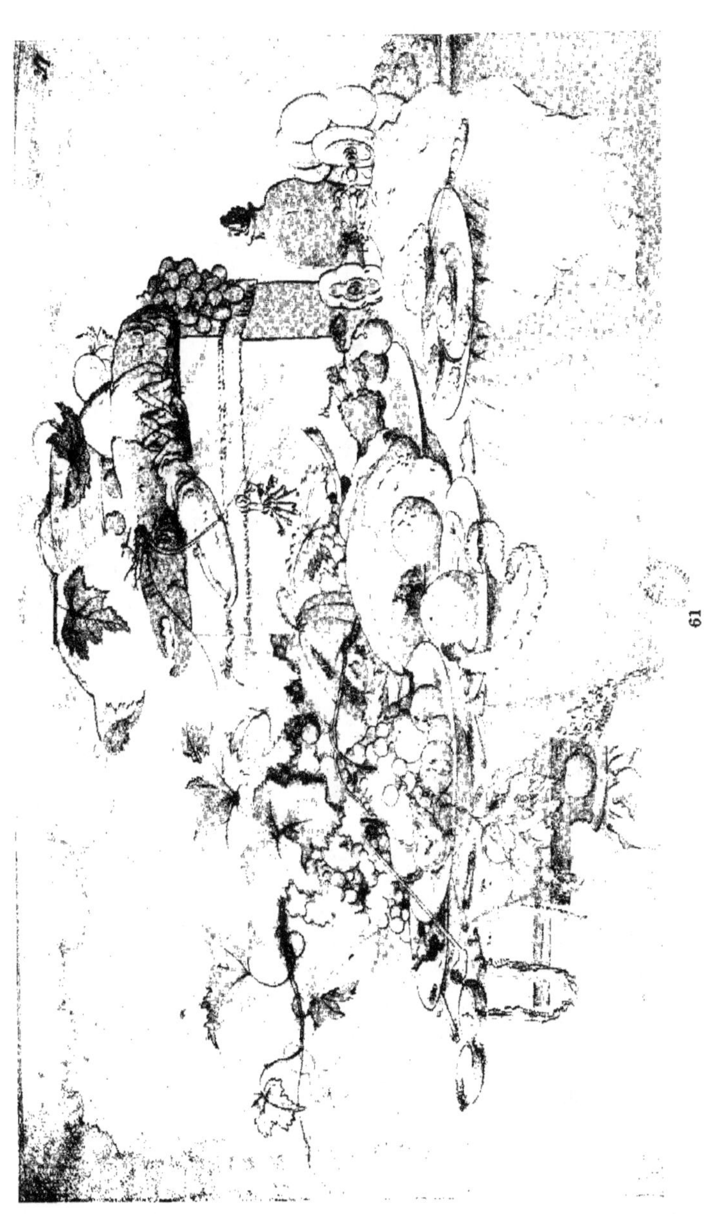

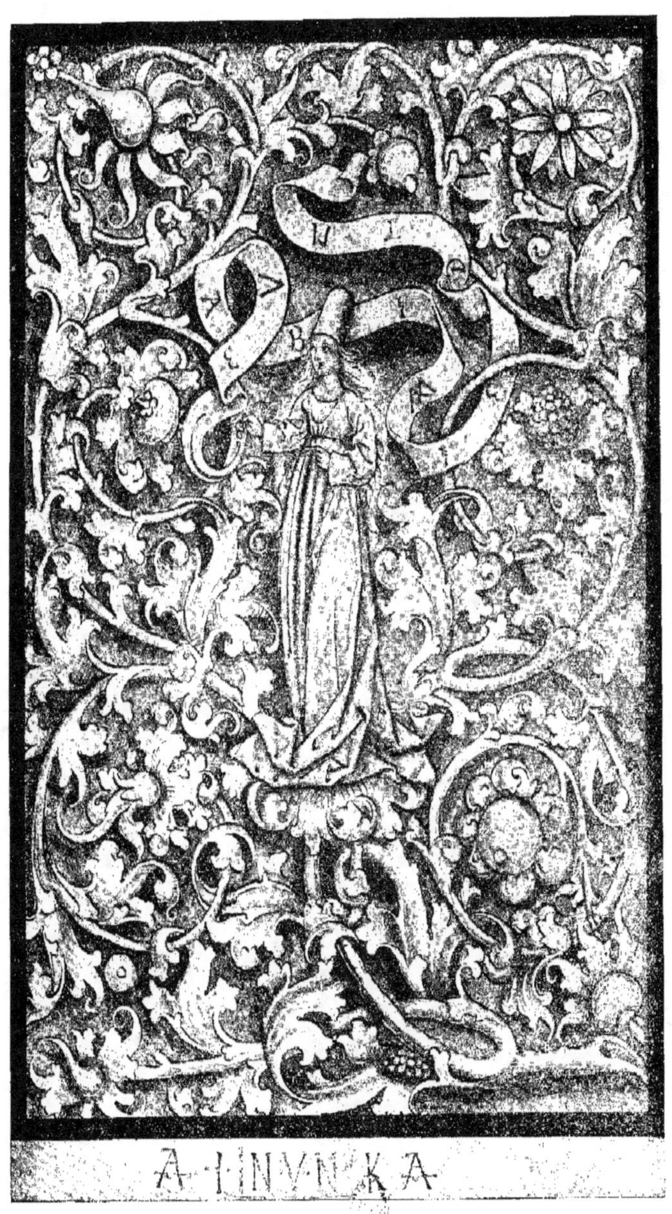

A · I · INVNKA

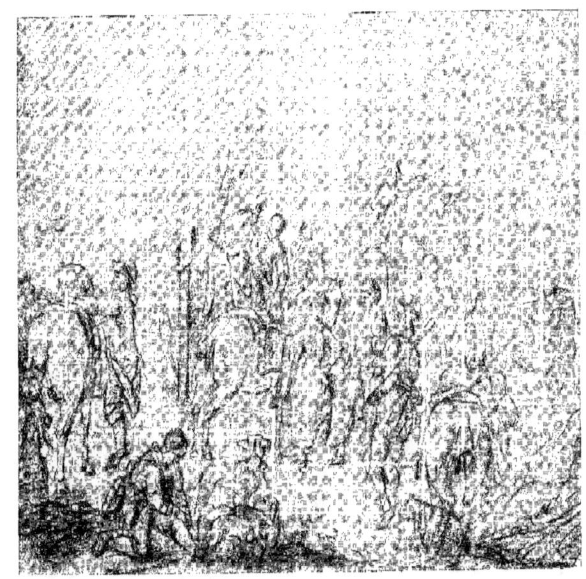

64

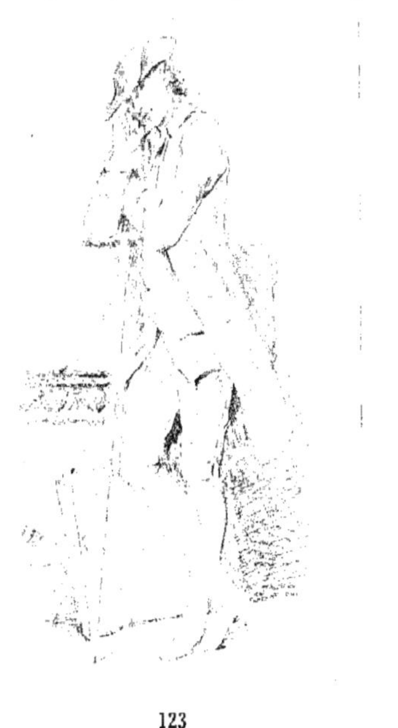

123

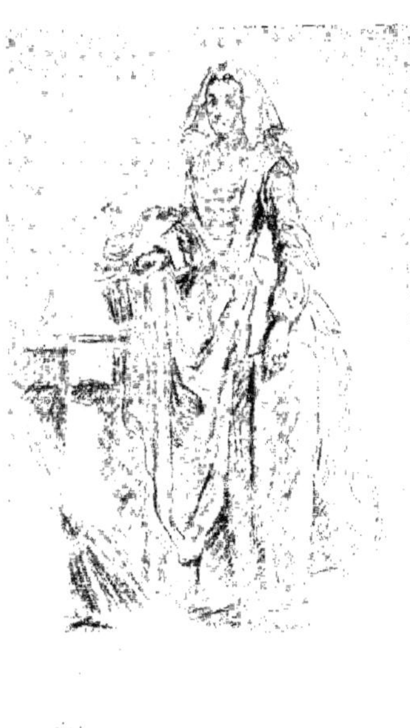

54

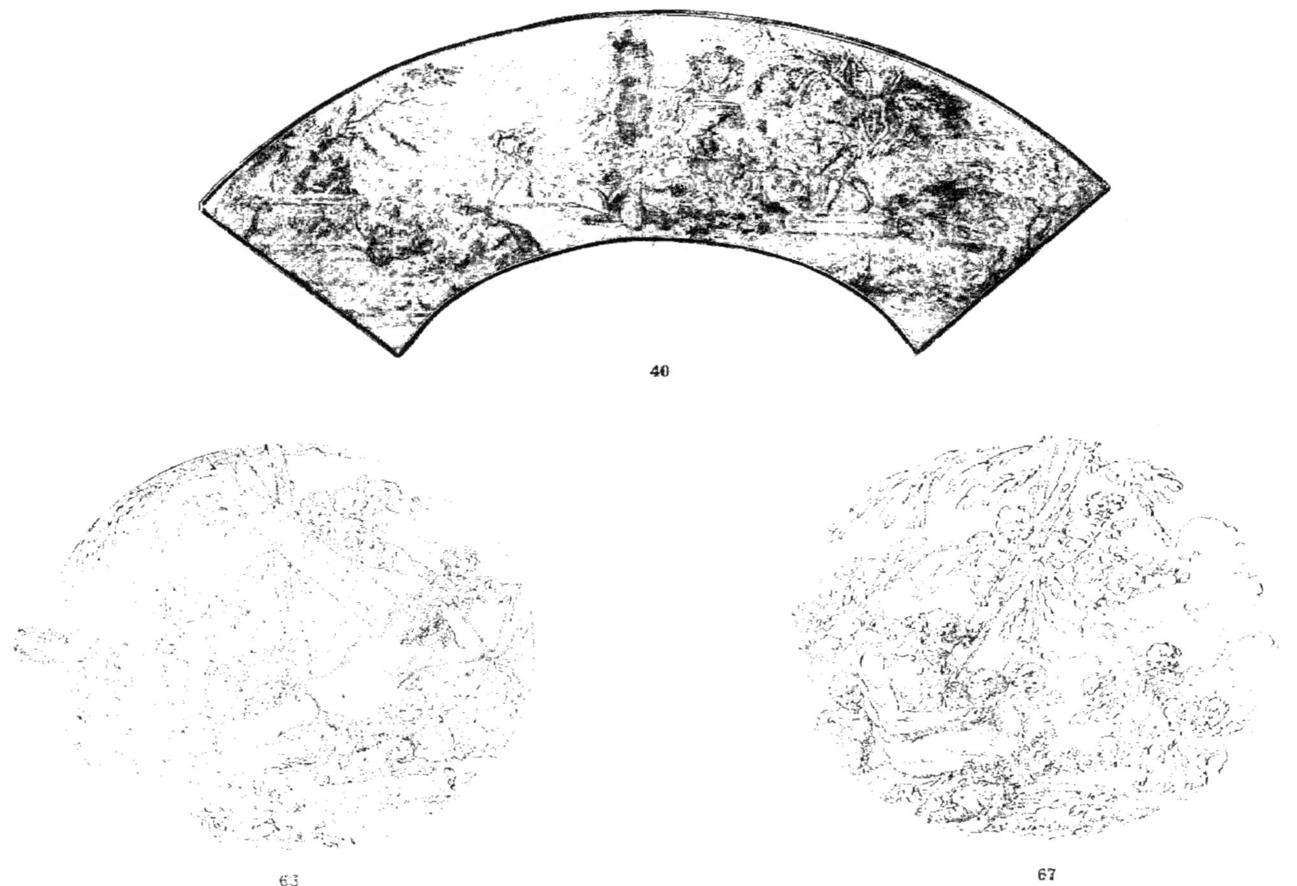
40
63
67

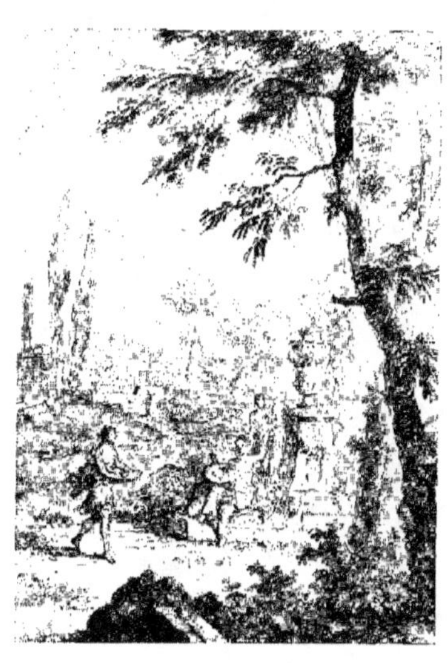

60

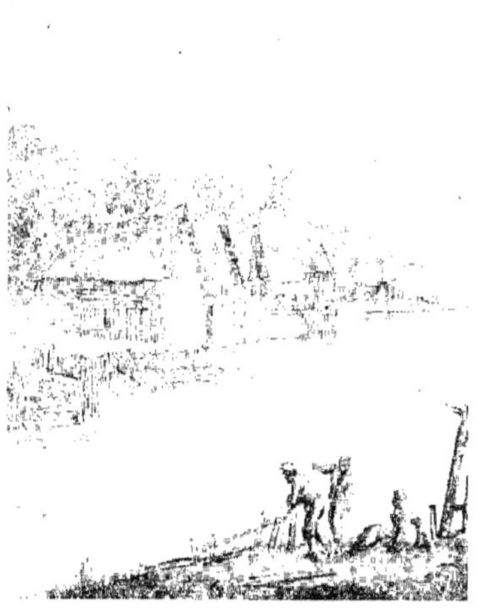

107

5

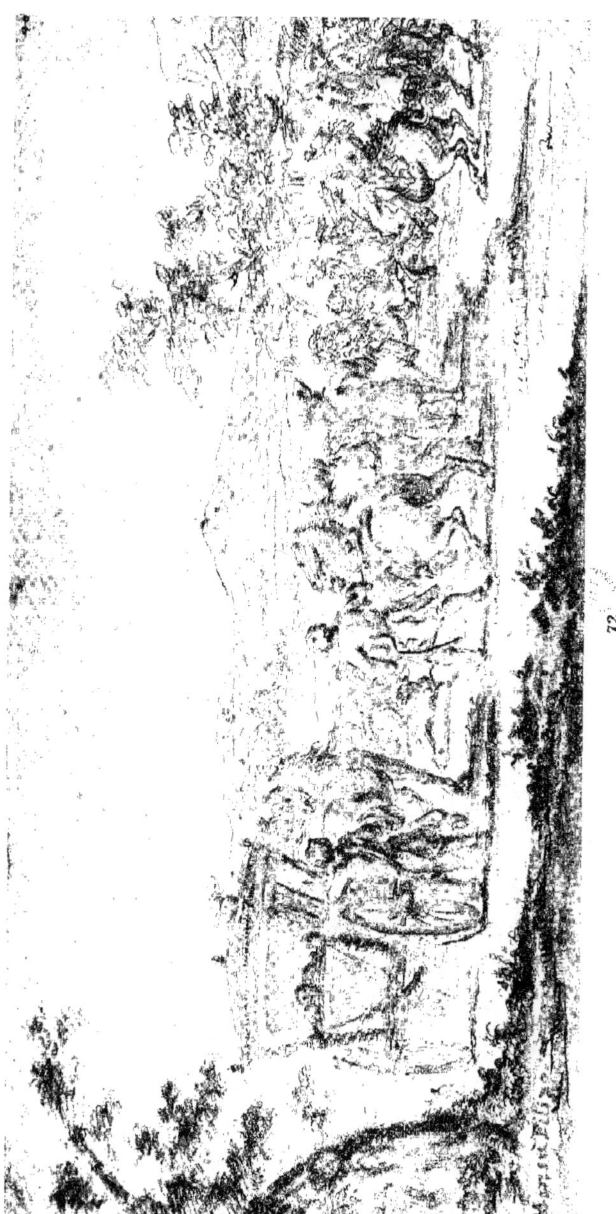

72

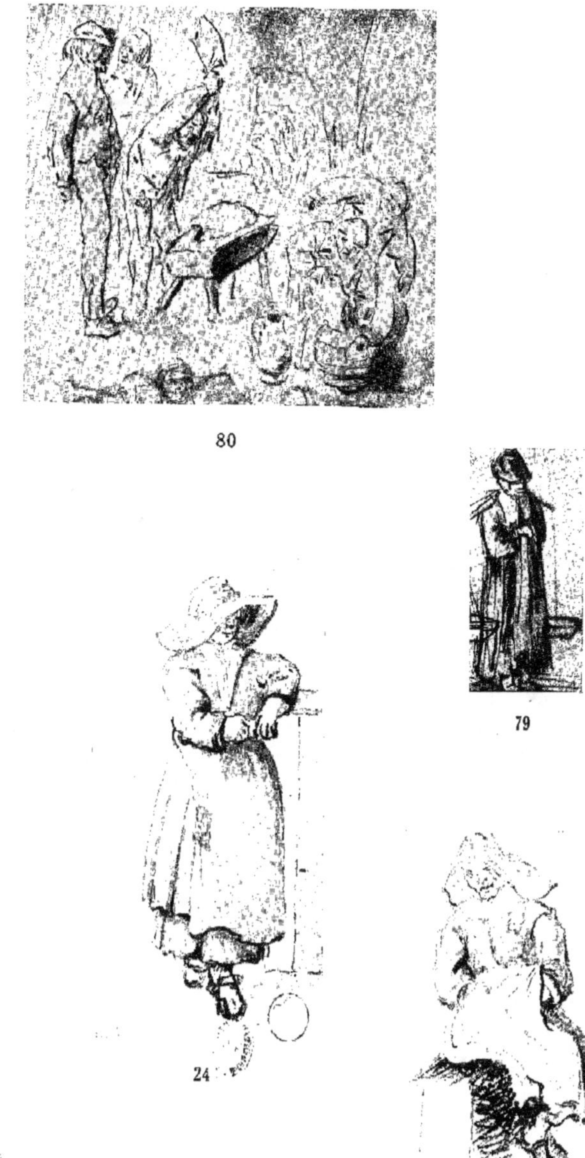

80

78

79

24

25

26

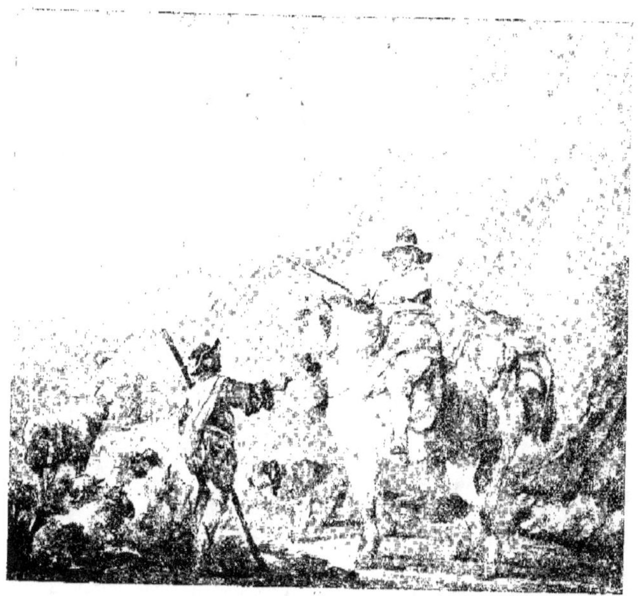

16

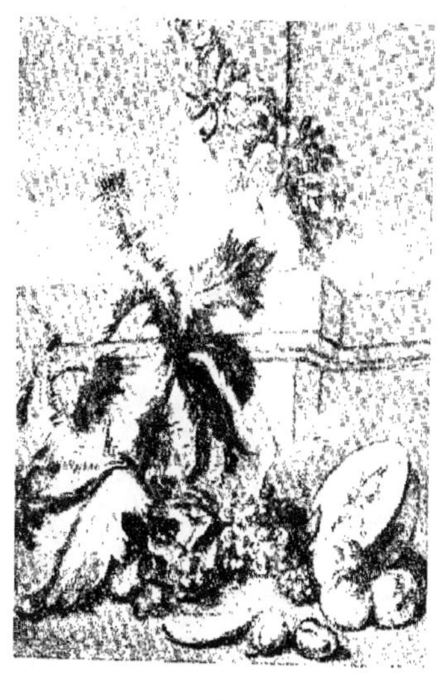

83

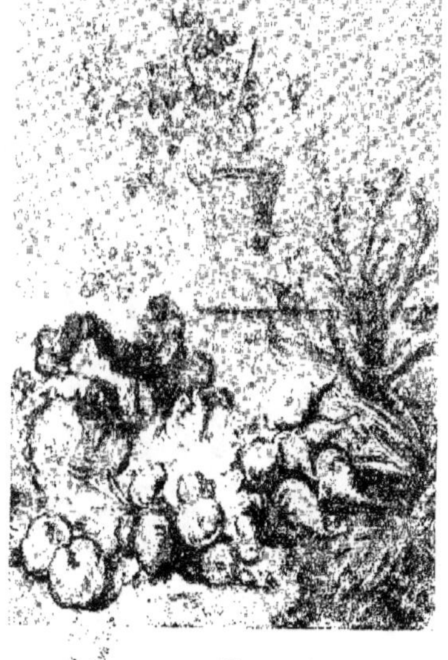

82

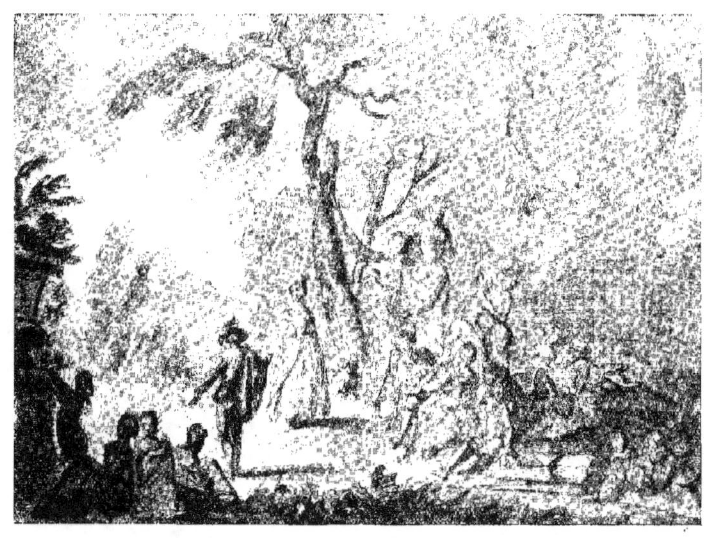

63

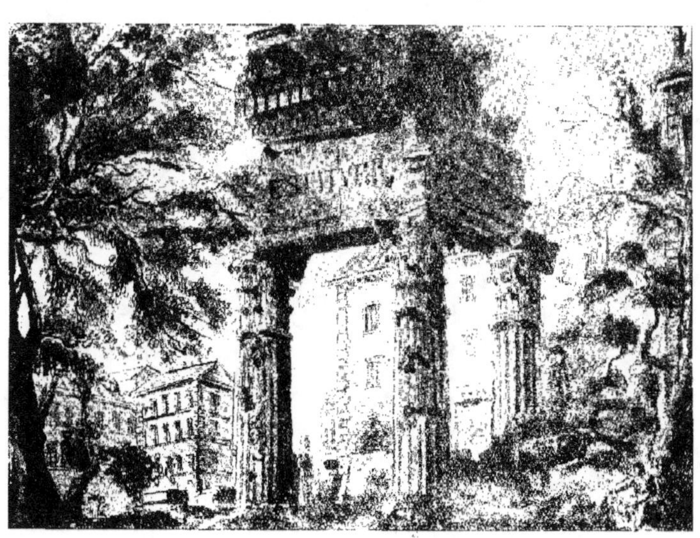

22

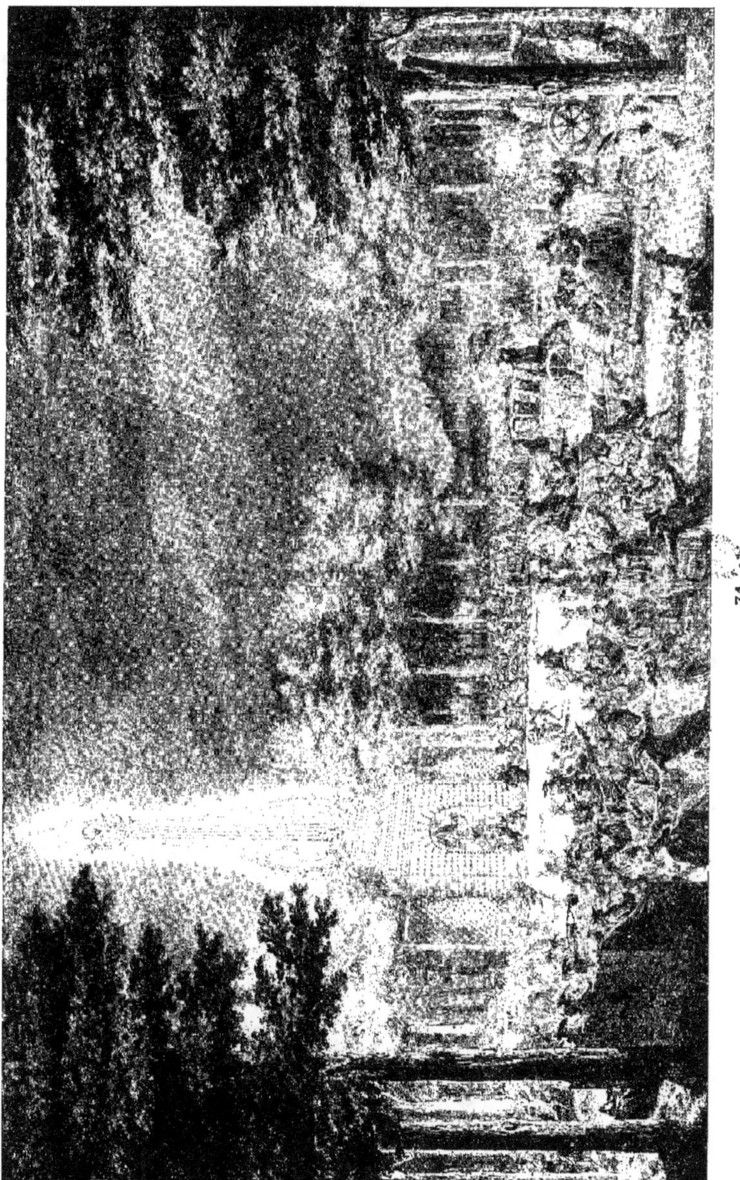

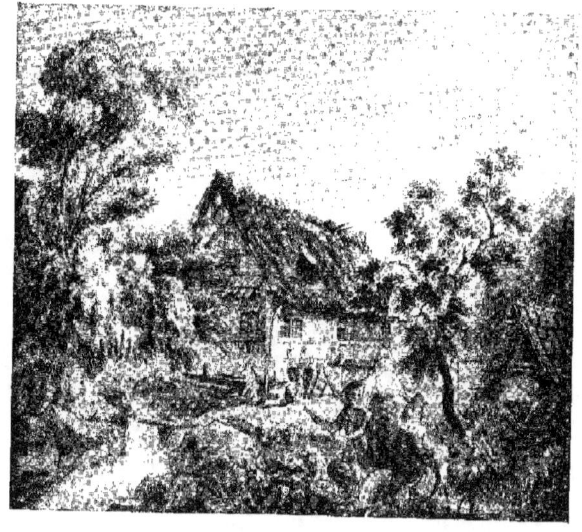

75

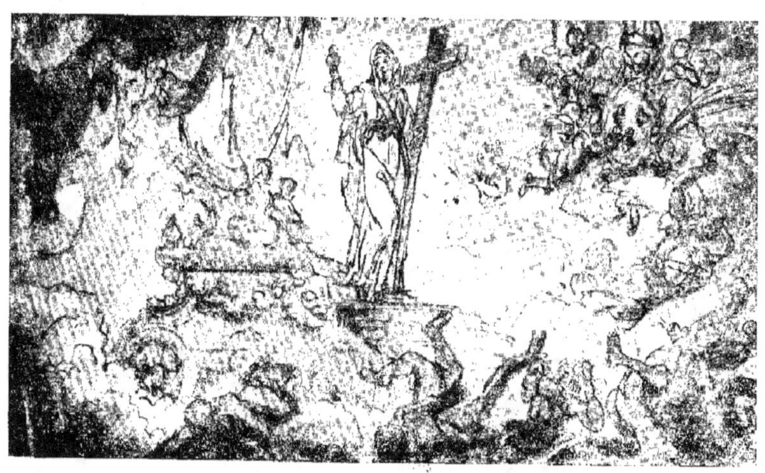

69

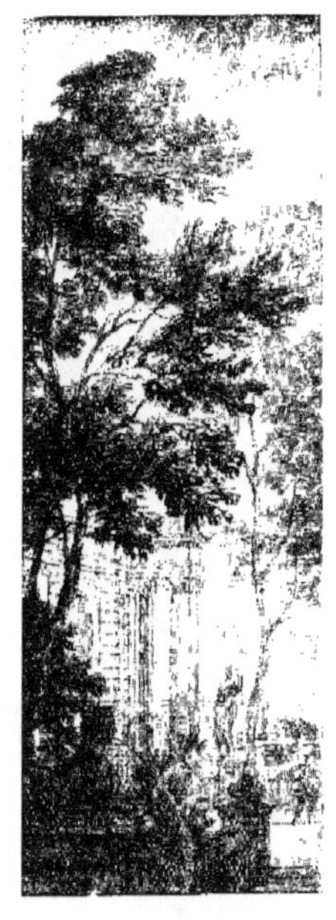

76

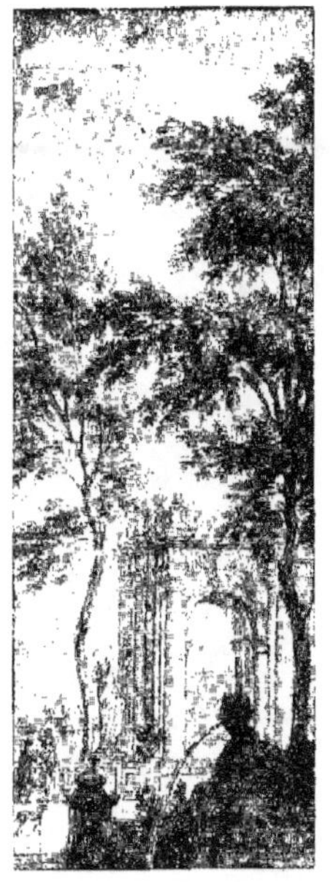

77

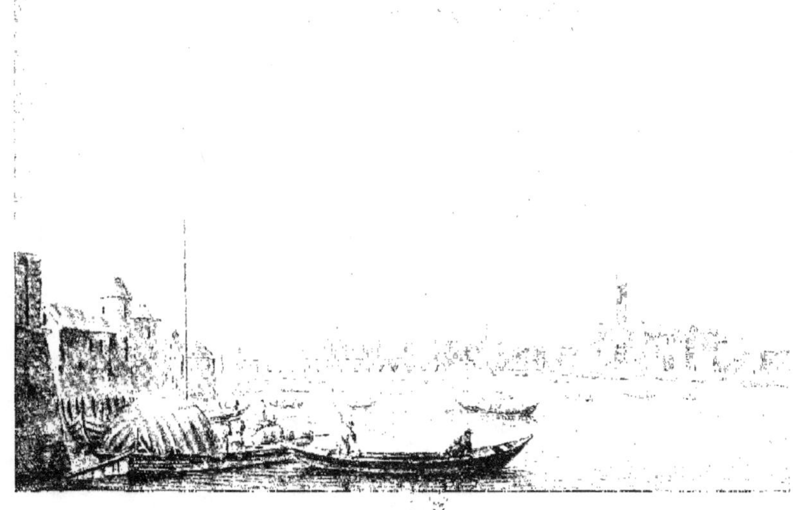

3

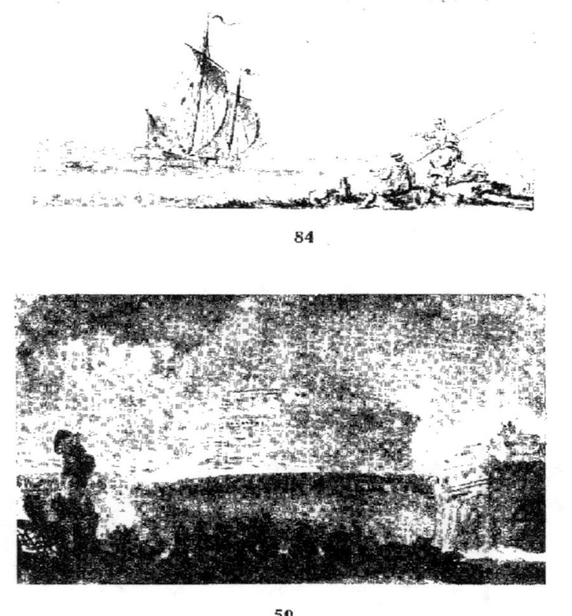

9

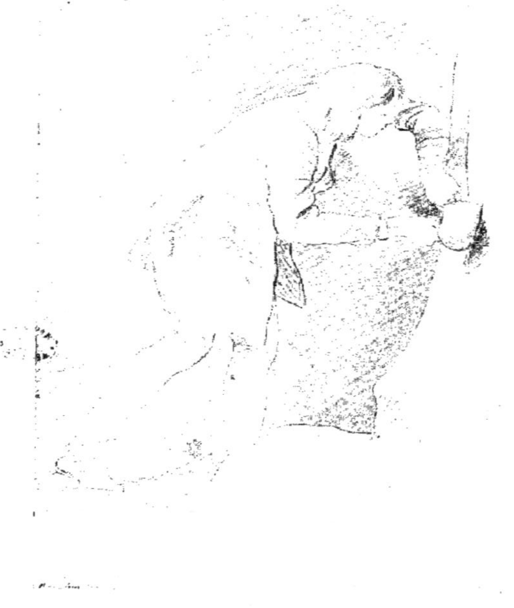

84

50

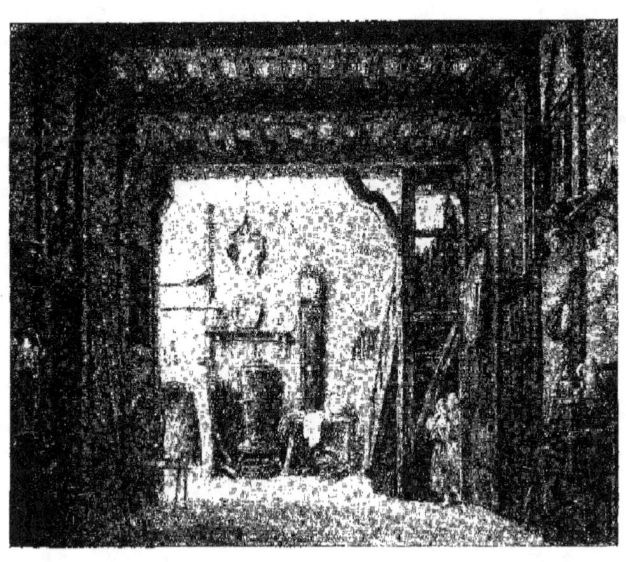

70

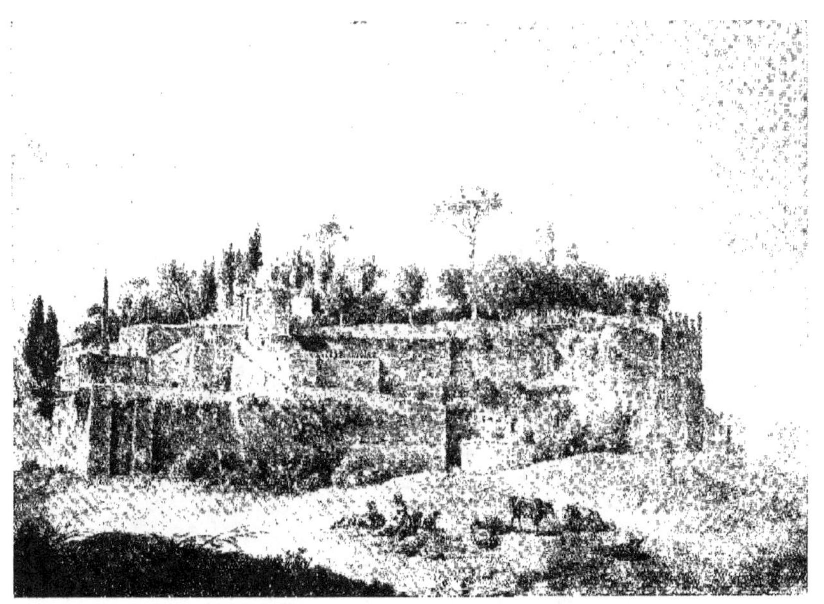

87

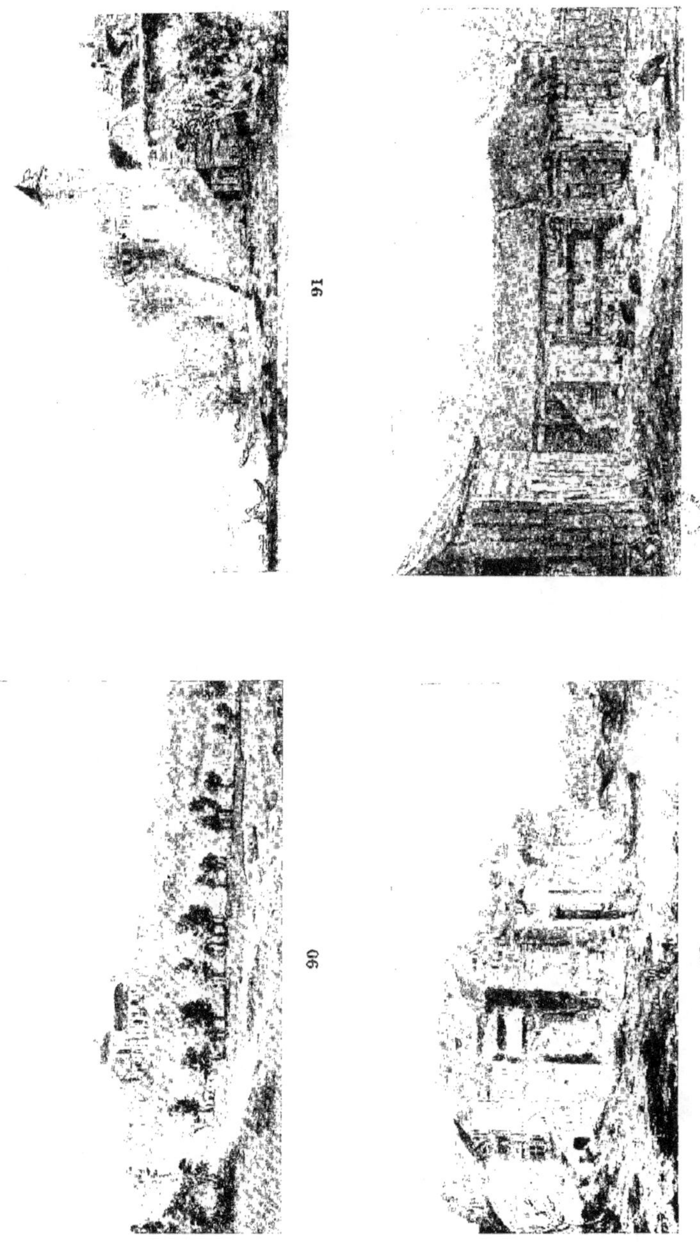

91
89
90
88

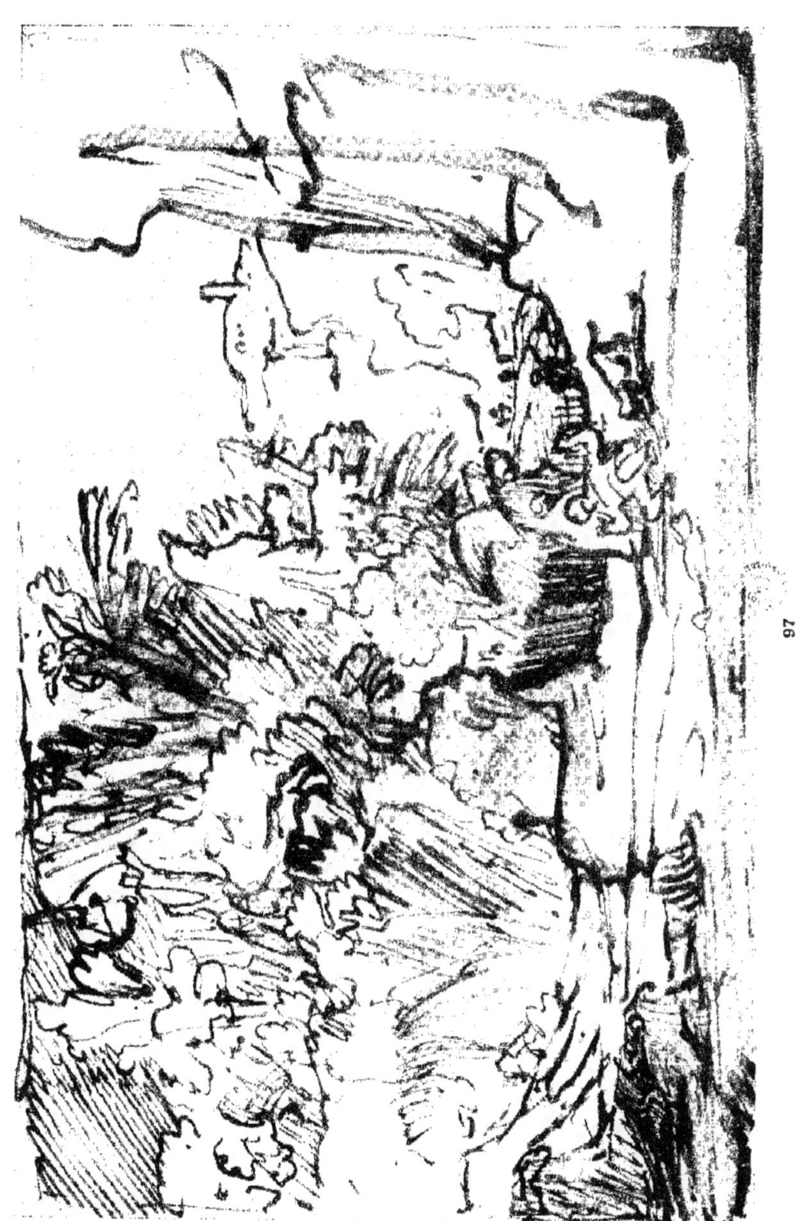

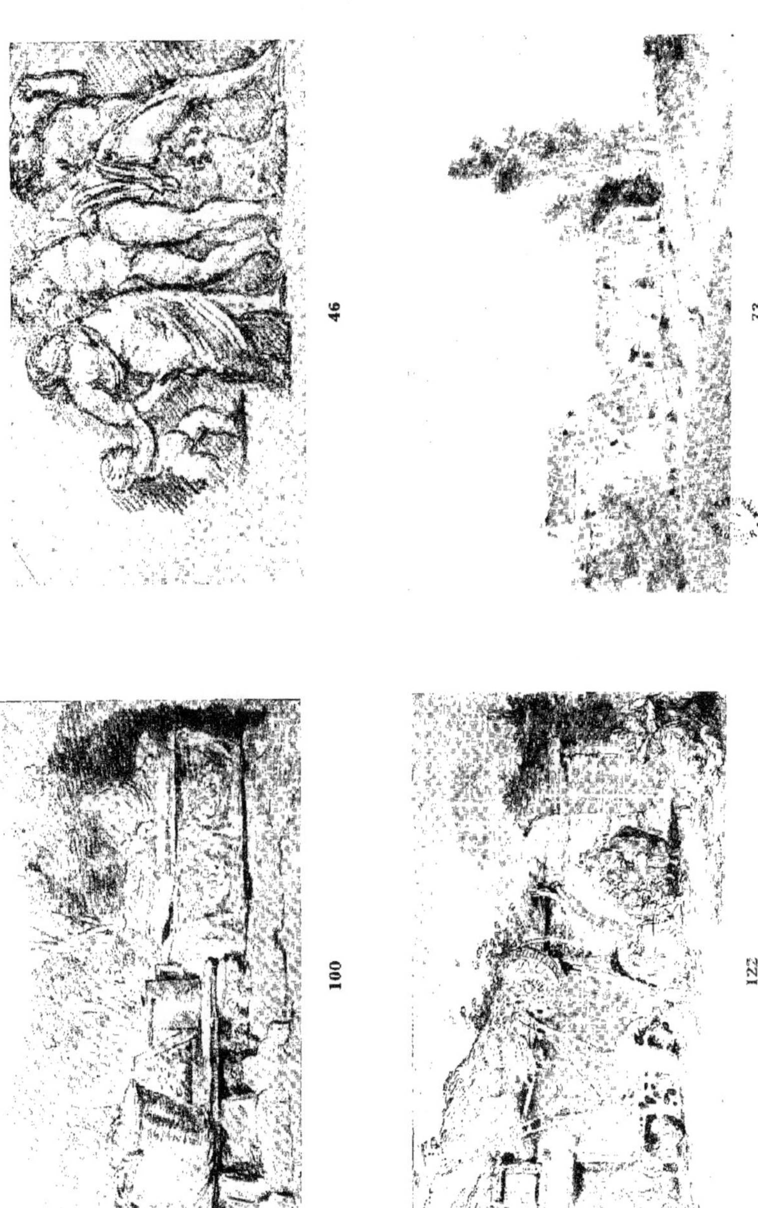

46

73

100

122

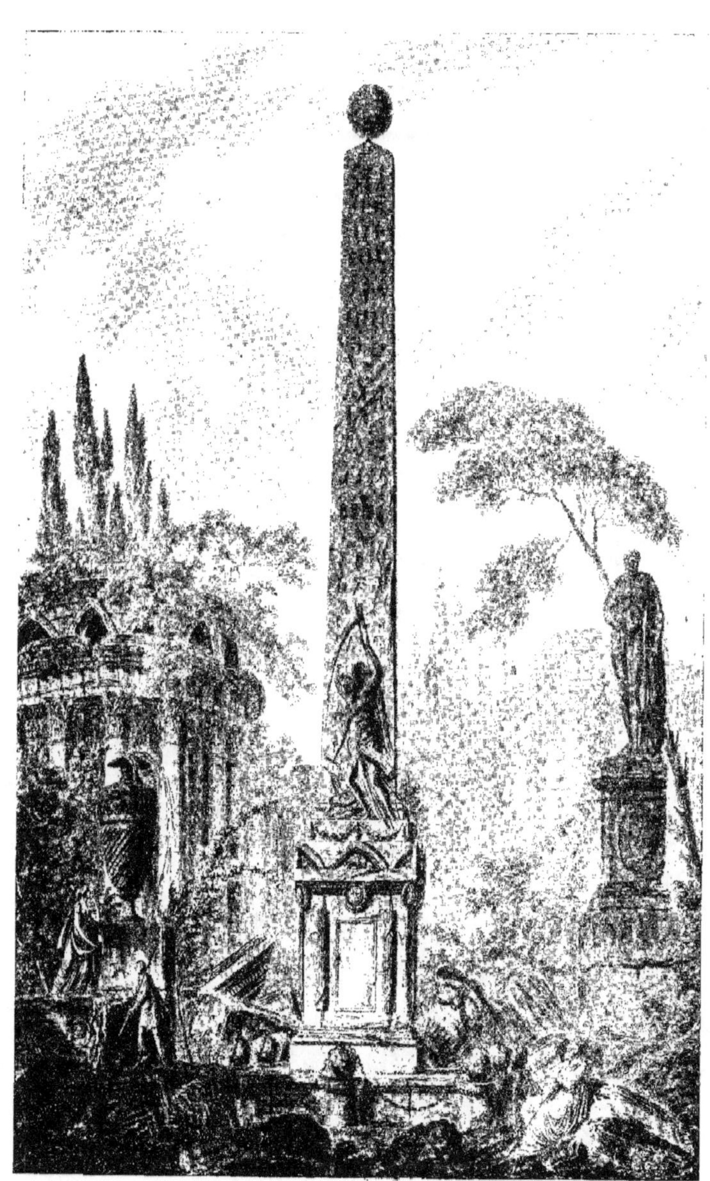

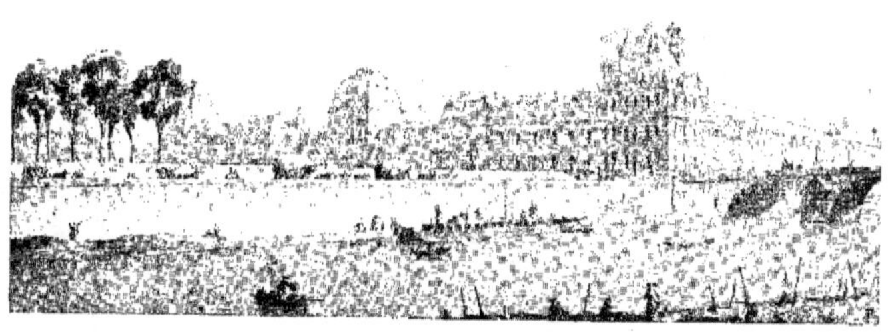

93

20

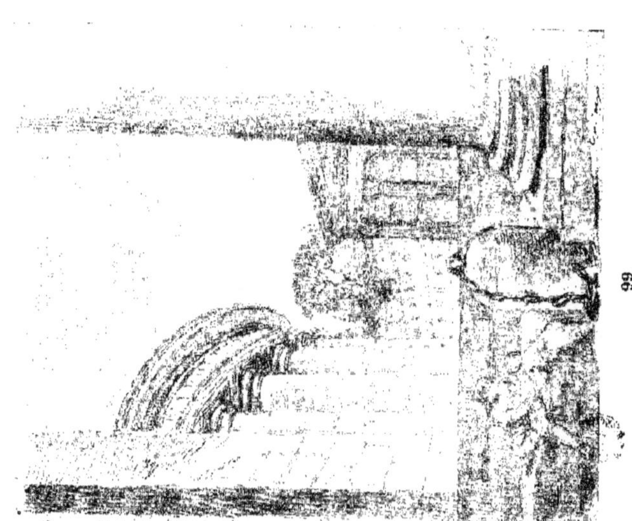

99

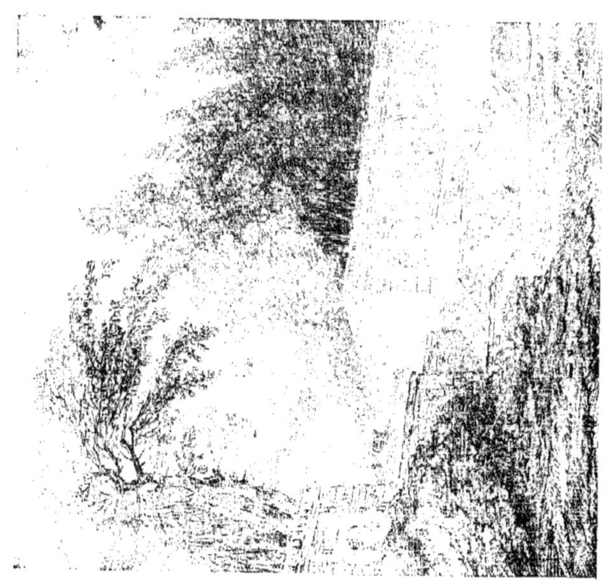

98

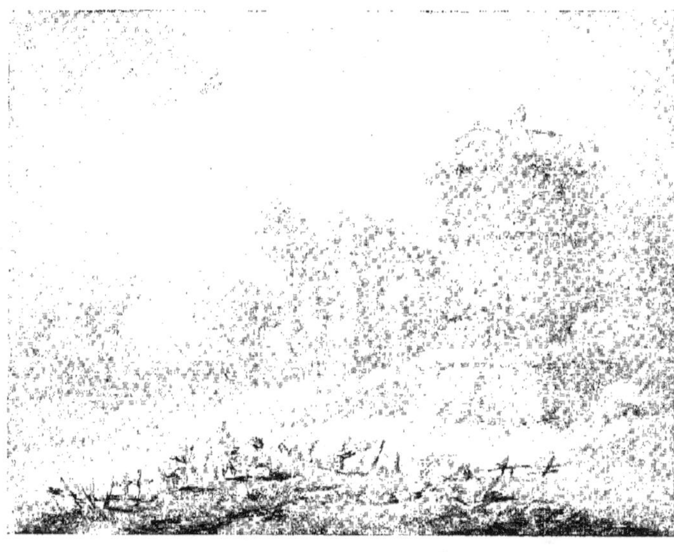

95

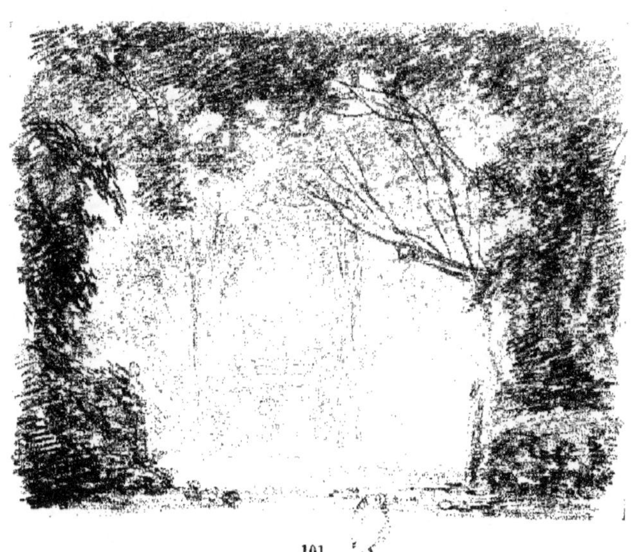

101

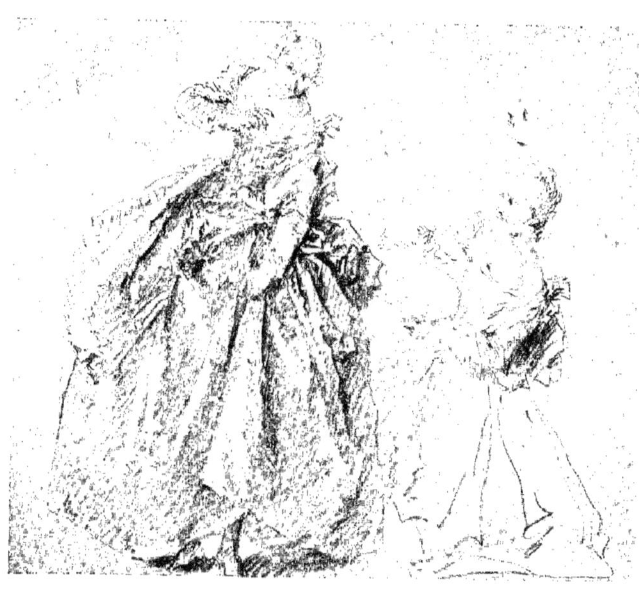

86

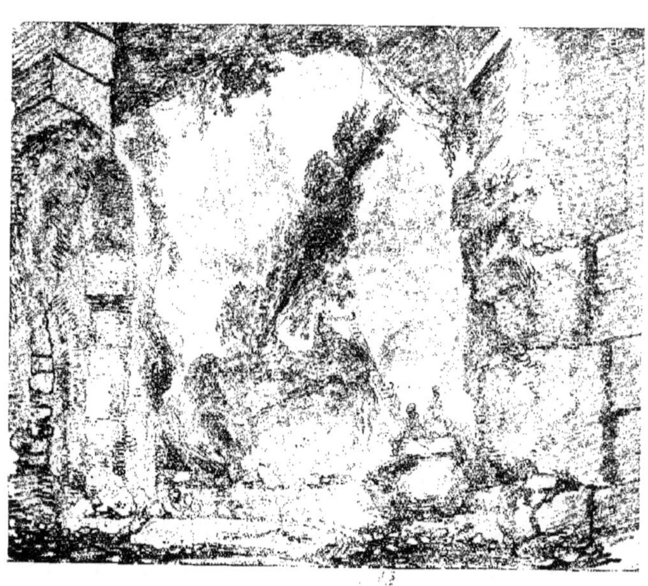

102

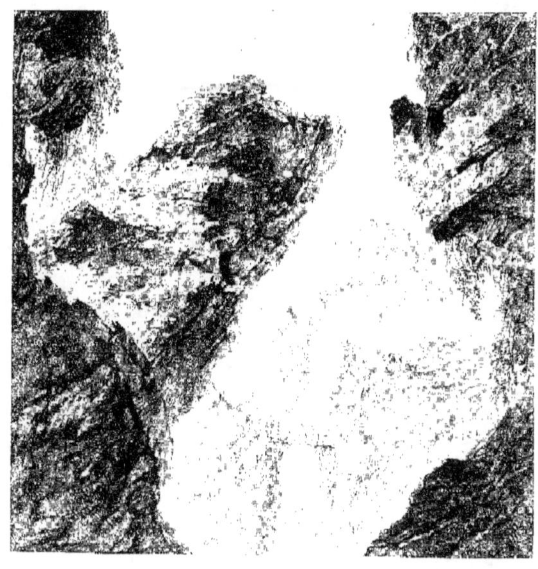

94

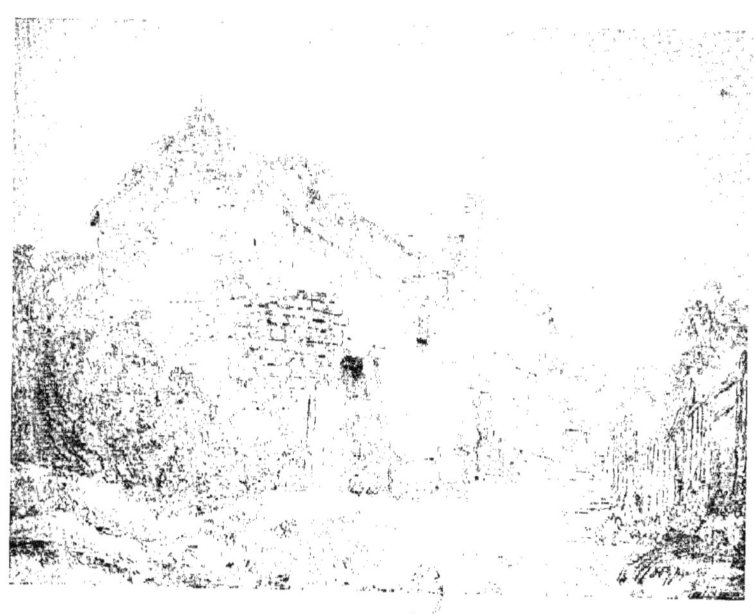

103

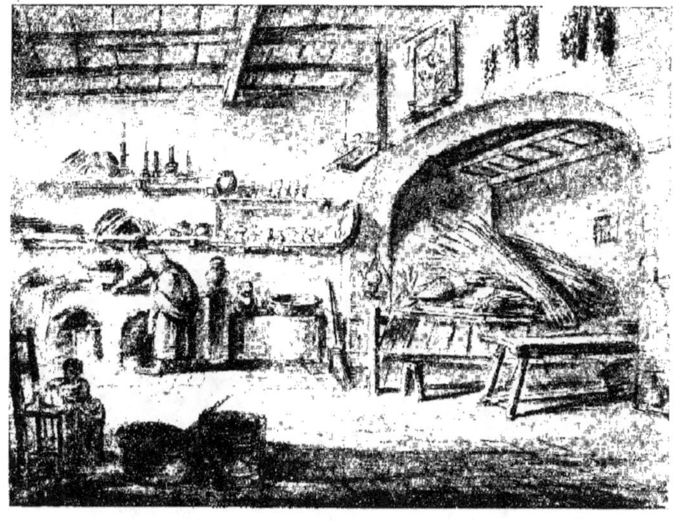

17

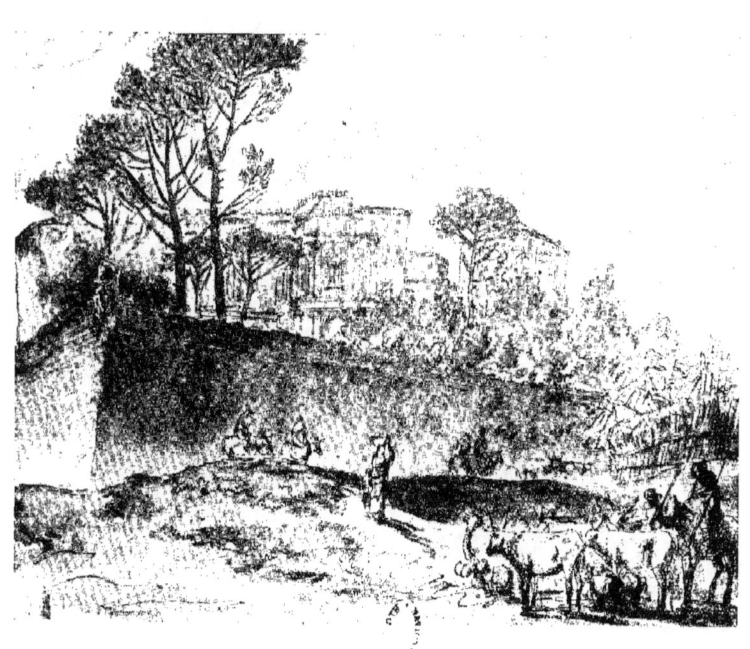

104

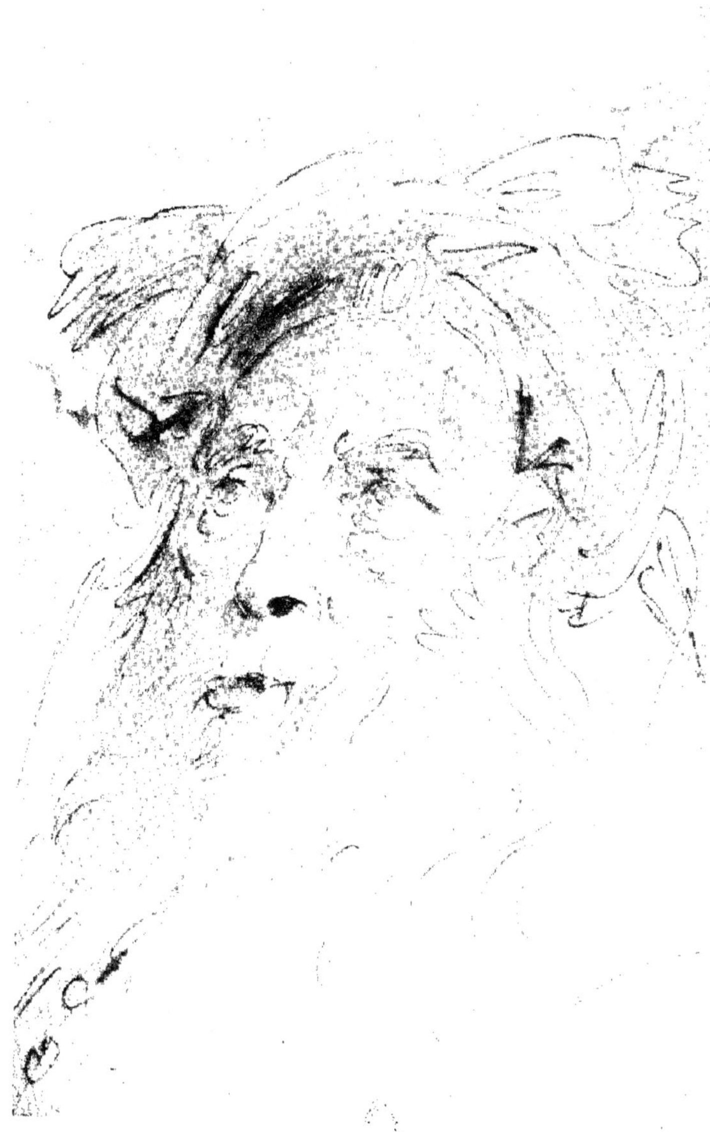

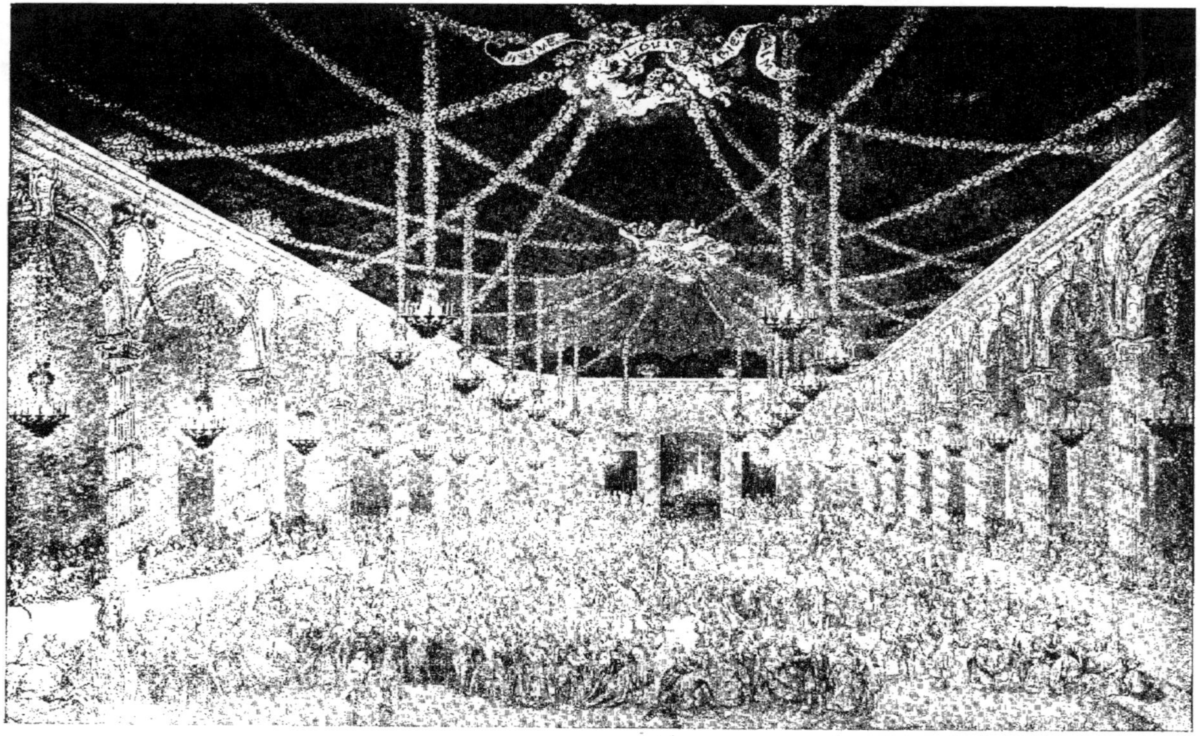

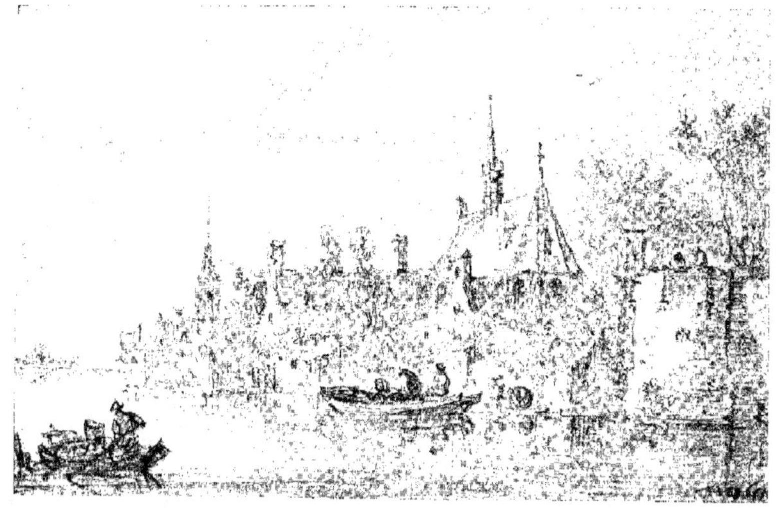

115

116

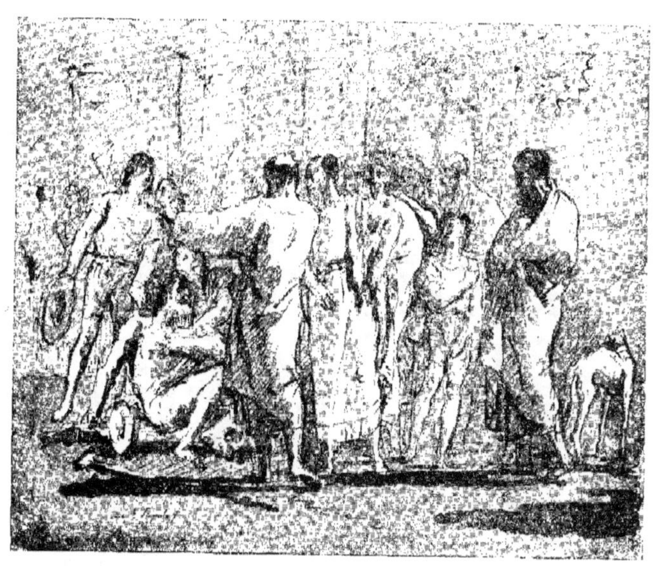

109

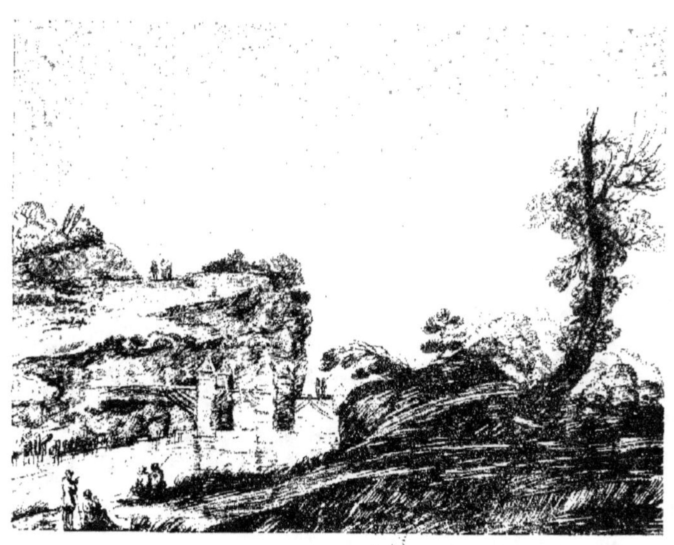

2

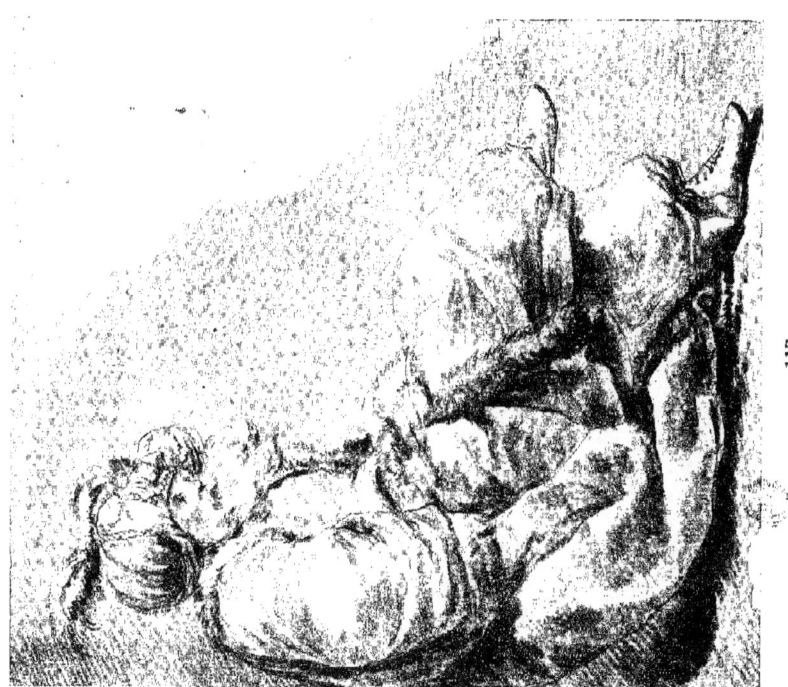

117

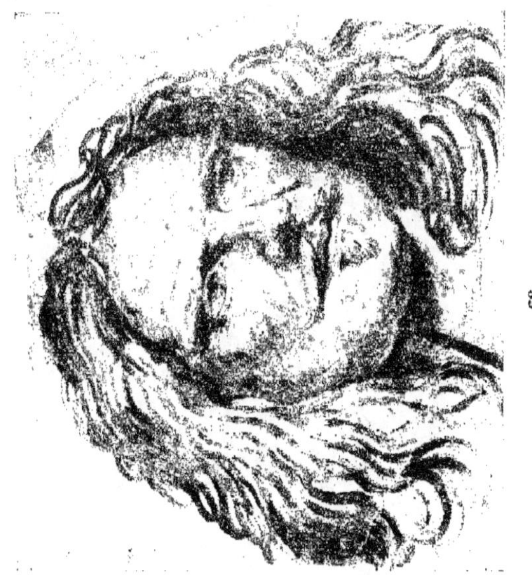

89

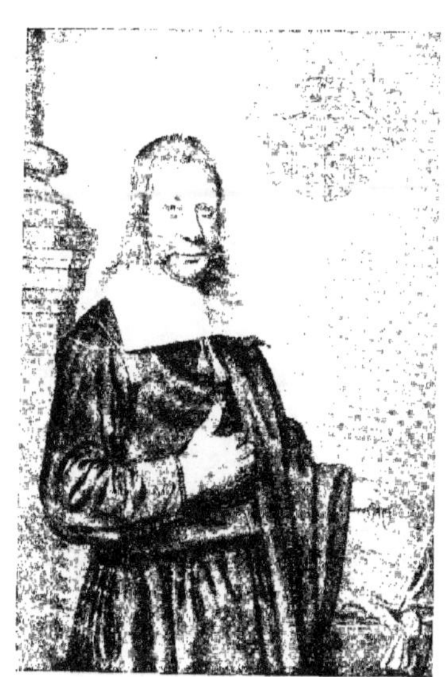

118

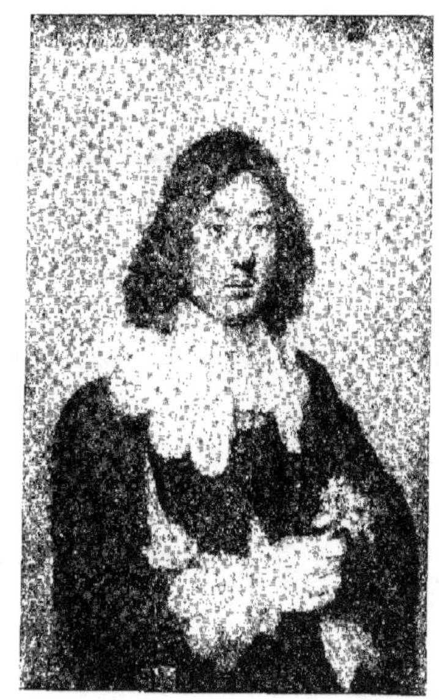

114

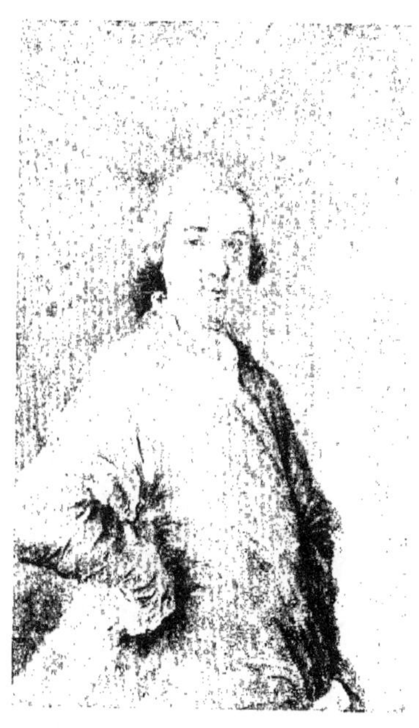

96

41

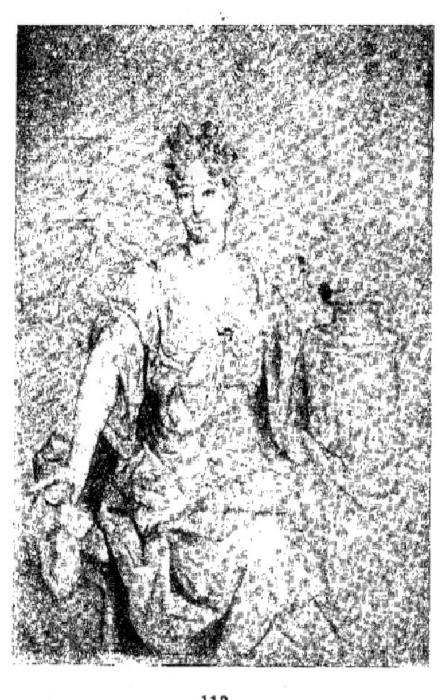

112

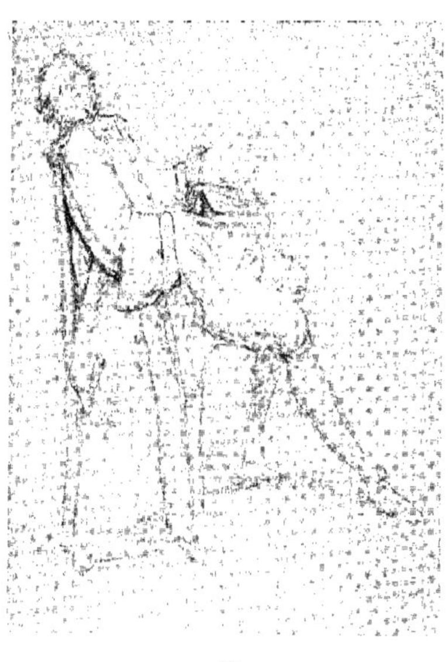

28

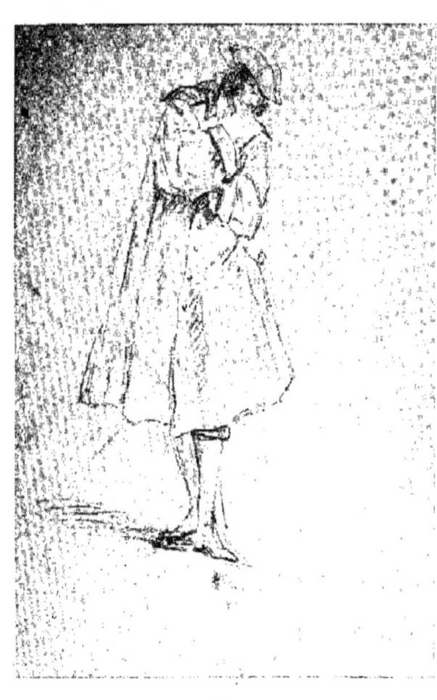

38

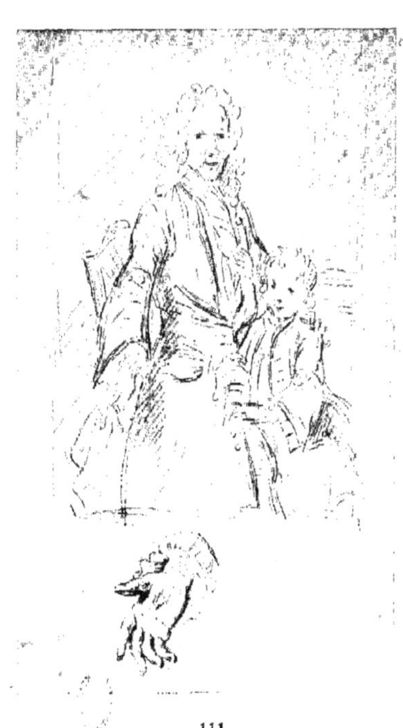

111

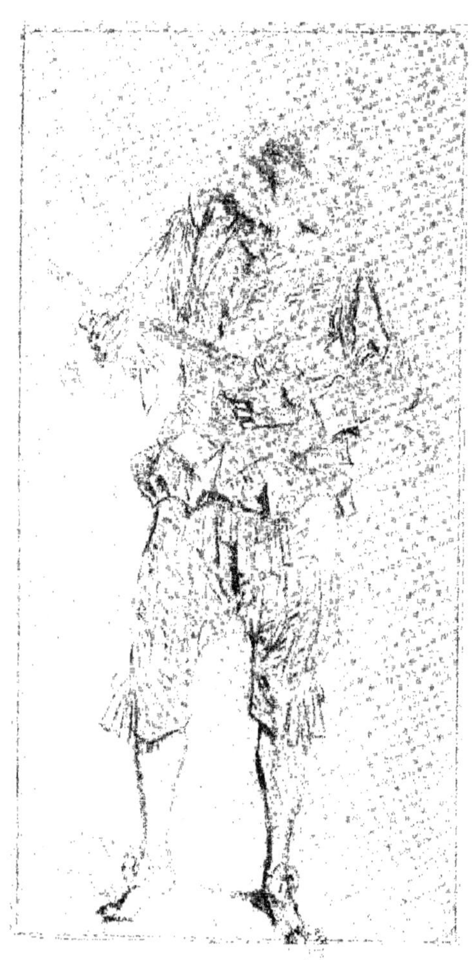

www.ingramcontent.com/pod-product-compliance
Lightning Source LLC
LaVergne TN
LVHW021829170726
843503LV00003B/876